本书为国家社科基金项目"农民工市民化的住房障碍及差异化住房政策研究"（17CJY018）的最终成果。

农民工市民化的
住房问题研究

刘斌 著

中国社会科学出版社

图书在版编目（CIP）数据

农民工市民化的住房问题研究/刘斌著 . —北京：中国社会科学出版社，
2022.1

ISBN 978 - 7 - 5203 - 9532 - 8

Ⅰ. ①农…　Ⅱ. ①刘…　Ⅲ. ①民工—住宅问题—研究—中国
Ⅳ. ①D669.3

中国版本图书馆 CIP 数据核字（2022）第 012040 号

出 版 人　赵剑英
责任编辑　王　琪
责任校对　党旺旺
责任印制　王　超

出　　　版　中国社会科学出版社
社　　　址　北京鼓楼西大街甲 158 号
邮　　　编　100720
网　　　址　http://www.csspw.cn
发 行 部　010 - 84083685
门 市 部　010 - 84029450
经　　　销　新华书店及其他书店

印　　　刷　北京明恒达印务有限公司
装　　　订　廊坊市广阳区广增装订厂
版　　　次　2022 年 1 月第 1 版
印　　　次　2022 年 1 月第 1 次印刷

开　　　本　710×1000　1/16
印　　　张　13.5
插　　　页　2
字　　　数　201 千字
定　　　价　75.00 元

前　言

改革开放 40 多年以来，中国的城镇化率由改革开放之初的17.9% 上升到 2019 年末的 60.6%。尤其是进入 21 世纪以来，全国城镇化率以每年约 1.2% 的速度增长，这意味着平均每年有大约 2000 万人从农村向城市迁移。城镇化是一个宏观的过程，而农民工市民化则是城镇化的微观实现。然而，与不断增长的常住人口城镇化率相比，户籍人口城镇化率仅为 44.4%，城镇化率"虚高"的原因是将大量已实现职业转换但未实现身份转变的农民工统计在内。由于经济、制度、社会、文化等多方面尚未消弭的城乡区隔，农民工市民化进程步履蹒跚，大多数农民工无法真正融入城市。当前，与城镇化率稳步增长的态势不同，中国农民工市民化进程依然面临多重阻碍，发展过程出现了明显滞后。是什么因素阻碍了中国农民工市民化进程？作为一种重要的物质资本，住房对农民工市民化起着举足轻重的作用，现有的一些测算表明，农民工市民化的各项成本中，与住房相关的成本占总成本的比例最大。农民工市民化的关键取决于家庭的定居决策，而城市住房问题已经成为当前影响农民工城市长期定居决策的最关键经济变量，也是制约农民工市民化的最主要的障碍之一。

"农民工"是一个与中国户籍制度紧密相连的概念，西方国家很少有类似"流动人口"或"农民工"之类的提法，与"农民工市民化"或"流动人口社会融合"最接近的理论主要涉及西方移民融合、农业劳动力迁移和城市居住空间分异等理论，这些理论涉及经济学、社会学、政治学和人文地理学等多个学科。第一章我们分别从移民社会融合、劳动力迁移与居住分异理论的角度对与本书密切相关的经济学和相关学科的基础理论进行了梳理。为了进一步梳理关于农民工市民化的最新研究成果，从理论上探索住房要素对农民工市民化可能存在的深刻影响，第二章我们从住房与住房政策的角度出发，对近年来关于农民工市民化的相关研究进行了较为全面的分类和分析，并对其中涉及住房因素的研究进行了重点的讨论和观察；然后我们结合西方国家促进社会融合的住房政策在理论上的争论和在实践上面临的困境，梳理和探讨住房政策对中国农民工市民化的深刻影响，并对未来的住房政策方向和相关研究进行了一些评价和展望。通过前两章的文献研究我们指出，关于农民工城市住房的研究不应仅仅局限于农民工临时住房条件的改善，而应该多关注附着在住房之上的政策性问题，关注如何帮助具有较强市民化意愿的农民工获得城市持久稳定住房的问题。有恒产者有恒心，农民工市民化所要求的持久稳定的住房并非一定是取得住房产权，尤其是在城市房价高企、农民工收入水平普遍较低的情况下，指望大多数农民工通过购买商品房跨过市民化的门槛是不现实的，未来农民工住房政策的目标应该是充分考虑地区差异和农民工社会分层，因城施策，消除政策性壁垒，给农民工一个长期稳定的定居预期。通过回顾西方国家旨在消除社会隔离、促进社会融合的曲折发展实践，本书指出：一方面，我们需要认识到中国农民工市民化过程的长期性和艰巨性。实现农民工市民化绝非易事，不可能一蹴而就，相关政策要考虑长远，设立一个长期的目标规划，切忌急功近利。另一方面，虽然西方国家促进社会融合的进程相当曲折，但是我们同样要对中国的农民工市民化进程抱有信心，由于特殊的发展轨迹，中国城市不同阶层之间的住房过滤机制尚未有效建立，文化习俗上的同根同源以及传统的单位大院式的居住方式，使得中国有着很多西方国家无法比拟的优势，更有利于实现农业转移人口的市民化，尤其是实现居住方面的城市融合。

　　住房何以构成农民工市民化的重要障碍？第三章从房价对农民工市民化意愿的直接影响角度进行了经验研究，并进一步探索了房价抑制农民工市民化意愿的传导机制。我们利用中国地级行政区域宏观房价数据和流动人口动态监测微观数据，以土地供应数据为工具变量，探讨了房价对农民工定居意愿的影响并与城—城流动人口进行了对比，研究结果发现：高企的房价确实抑制了农民工的定居意愿，其传导机制至少有三种：房价上升会通过财富效应和稳定预期效应增强农民工的定居意愿；而房价上涨所带来的生活成本的上升则会降低农民工的定居意愿；由于三种机制中，生活成本效应占主导，因此房价上升对农民工定居意愿整体上呈现出阻碍作用。同时，我们利用上述机制对农民工和城—城流动人口进行了比较，结果表明：与对农民工的影响不同，房价上涨对城—城流动人口的定居意愿并没有明显的阻碍作用，其原因在于，一方面房价上涨能够给城—城流动人口带来更高的未来发展的稳定预期；另一方面虽然房价上涨使城—城流动人口生活支出增加，但由于房价上涨引致其收入相应提高，使得其生活支出占收入的比例并没有明显增加。比较而言，农民工收入的提高程度远不及城—城流动人口，房价上涨使得农民工生活水平下降了。

　　在上一章研究中我们发现，房价上涨之所以成为农民工市民化的障碍，其关键在于农民工在劳动力市场上的弱势地位，其工资并不能弥补房价上涨引致的生活成本的上升。在当前日渐复杂的国际国内经济形势下，中国近三亿农民工成为城市中最容易受到冲击的劳动力群体。为了应对城市生活成本的上升和其他宏观冲击，农民工在城市是否拥有稳定的就业便显得非常重要。第四章我们采用中国流动人口动态监测数据与地级市宏观数据合并建立模型，从间接影响角度，探讨了城市住房类型对农民工就业稳定性的影响及其机制。首先，本章基准模型和工具变量模型估计结果均表明：在打工所在城市拥有住房的农民工，其就业稳定性显著更高。其次，通过对房奴效应、心理认同和社会资本积累三方面可能的影响机制的观察发现：偿还住房贷款的压力使拥有住房的农民工并不倾向于频繁换工作，从心理上更认同自己是城市人，也更愿意进行社会资本积累，因此其就业稳定性也更高；此外我们还发现，房价上涨对有房农民工带来的财富效应并不会显著影响其就业稳定性。最后，本章对住房类型和代际异质性的探讨发现：入住政府公租房和单位（雇主）住房者的就业稳定性明显高于租住私房者，而居住临时居所者的就业稳定性最低；住房状况对中生代农民工的就业稳定性影响最大，对新生代和老生代农民工就业稳定性的影响相对较小。

"安居"真的可以"乐业"吗？在第四章的基础上，第五章我们继续从劳动力市场角度揭示住房产权对农民工城市定居的潜在影响。本章利用中国劳动力动态调查数据分别从"自有产权""家庭产权""不用租房""多套住房"等维度探索了不同形式的城市住房产权对工作满意度和农民工定居意愿的影响。首先，我们以地区住房自有率和土地供应政策作为工具变量的双变量 Probit 模型估计结果表明：不论是"自有产权""家庭产权"还是"不用租房"，仅拥有一套住房的劳动者均表现出了比无房者更低的工作满意度，而拥有多套住房的劳动者的工作满意度更高。随后，本章从传导机制和工作满意度分解两个方面探讨了一套住房者工作满意度更低的原因。一方面，我们对住房产权影响工作满意度的可能机制进行的观察发现，人均居住面积的增加能提高劳动者的工作满意度，但是这种正向影响并不会因为产权状况不同而不同；还贷压力带来的房奴效应对一套房者的工作满意度产生了负面影响；房价上涨为有房者带来的财富效应增加了多套住房者的工作满意度，但却使仅拥有一套住房的劳动者的工作满意度降低了。可见，偿还房贷的压力和房价上涨引起的工作机会成本的提高最终导致仅拥有一套住房者的工作满意度降低。另一方面，我们通过对工作满意度变量的分解发现，由于拥有更高的工作收入、更少的工作时间和更固定的工作场所，多套住房者对工作收入、工作时间和工作环境的满意度均高于其他人；而与无房者相比，一套住房者对工作时间和工作环境的满意度更低，对工作收入的满意度没有明显差异，对工作的主观满意度在很大程度上反映了其客观差异。同时，我们研究发现，住房产权分层对农民工工作满意度的影响与城市其他劳动者并没有明显的差异：虽然存在本地农民工和外地农民工的异质性影响，但是整体而言，一套住房农民工的工作满意度更低，而多套住房农民工的满意度显著更高。而且，农民工工作满意度对农民工定居意愿存在明显的积极影响，这意味着，住房产权会通过影响工作满意度而对农民工的定居意愿产生间接影响。

农民工市民化的住房成本究竟有多大？差异化的住房政策如何实现？第六章我们在比较和分析现有测算研究的基础上，构建了一个微观框架对农民工市民化的住房成本进行了系统的测算，基于农民工市民化住房成本的区域比较，并结合不同地区的经济社会发展差异和农民工的内部分层，提出了差异化农民工住房政策的构想。首先，通过对现有研究的测算方法、思路和结构的深入比较发现，现有关于农民工市民化住房成本的测算结果呈现出明显差异的主要原因，一方面源于不少研究在测算方法上存在着忽略一次性住房成本的长期分摊问题所导致的高估和忽略政府公共住房成本所造成的低估这"两个极端"；另一方面来源于现有研究在政府和私人住房成本分担比例上、"住有所居"和"居有其屋"理念上、"现状"和"目标"测算标准上、"农民"与"农民工"概念使用上、"年度成本"和"生命周期"的测算时间区间上等多个方面存在着明显的认识上的分歧。其次，针对现有研究在测算方法上的误区和在认识上的分歧，我们利用一个更为简明的微观框架对农民工市民化的住房成本进行了测算。最后，在农民工市民化住房成本的区域比较基础上，并结合不同地区的经济社会发展差异和农民工的内部分层，我们对不同城市进行了简单的分类，提出了不同层级城市差异化农民工住房政策的构想：第一，市场供需矛盾突出、农民工市民化住房成本高的东部沿海发达城市的农民工住房政策应该以政府公共住房、企业园区配建住房、棚户区改造等政策为主，长远来看，该类地区需要在政策上消除歧视，实现真正的租售同权才能实质解决农民工市民化的住房问题。第二，市场供需矛盾相对较为缓和、土地供应相对充足的中西部区域性中心城市，有更好的条件来发展政府公共住房和园区配建住房，完善该类住房的基础配套、优化选址，提高农民工入住率应该成为此类城市农民工住房政策的重点。第三，对大部分中西部三线城市而言，农民工城市住房政策的重点应该是充分考虑农民工的社会分层和市民化意愿，坚持多种住房政策并举：鼓励一部分有市民化意愿和能力的农民工获得城市住房产权，同时通过廉租房、公租房、城中村和棚户区改造等多种住房政策改善市民化意愿不强、经济基础较为薄弱的不同层次的农民工家庭的住房条件和居住环境。第四，对于市场供过于求且存在去库存压力的四五线及其他城市而言，农民工城市住房并不是一个较为突出的问题，可以通过市场化方式来解决，而其农民工政策的重点应该是为本地农民工尤其是返乡就业和创业农民工提供良好的就业环境并尽可能创造就业机会，以吸引农民工在城市定居，这也可以在一定程度上消化城市长期积累的房地产过剩供应。

目　　录

第一章　问题的提出与理论基础 ………………………………（1）

第一节　问题的提出：农民工市民化的住房障碍 …………（1）

第二节　理论基础：移民融合、劳动力迁移与居住

分异理论 ……………………………………（3）

第二章　文献述评：住房、住房政策与农民工市民化 ………（26）

第一节　住房与农民工市民化 ……………………………（27）

第二节　住房政策与农民工市民化 ………………………（40）

第三节　结论与政策启示 …………………………………（45）

第三章　市民化的住房障碍：房价对农民工市民化意愿的

影响及其机制 ………………………………………（49）

第一节　房价与人口流动相关文献综述 …………………（51）

第二节　理论分析：房价影响定居意愿的机制 …………（54）

第三节　数据选取与描述性统计 …………………………（56）

第四节　实证分析：房价对农民工市民化意愿的影响 ……（59）

第五节　房价对定居意愿的异质性影响：与城—城流动

人口比较……………………………………（66）

第六节　稳健性检验 ………………………………………（72）

第七节　结论与政策启示 …………………………………（74）

第四章 城市住房类型对农民工就业稳定性的影响研究 ……… （77）

第一节 文献综述和理论分析 ……………………………… （80）

第二节 模型设定、数据选取与描述性统计 ………… （82）

第三节 实证研究：住房对农民工就业稳定性的影响 …… （87）

第四节 传导机制：房奴效应、心理认同和社会资本
积累效应 ……………………………………… （94）

第五节 异质性：住房类型和代际差异 ………………… （99）

第六节 结论与政策启示 …………………………… （102）

第五章 城市住房产权、工作满意度与定居意愿 ……… （104）

第一节 文献综述和理论分析 ……………………… （107）

第二节 模型设定、数据和变量选取说明 …………… （112）

第三节 安居是否真的乐业：实证分析 ……………… （116）

第四节 安居为什么并不乐业：住房影响工作满意度的
机制分析 ……………………………………… （124）

第五节 工作收入、工作时间与工作环境：对工作
满意度的分解 ………………………………… （128）

第六节 住房产权、工作满意度和农民工定居意愿 …… （133）

第七节 稳健性检验 ………………………………… （136）

第八节 结论与政策启示 …………………………… （138）

**第六章 差异化住房政策：基于农民工市民化住房
成本的核算** ……………………………………… （143）

第一节 农民工市民化住房成本的测算思路及
结果比较 ……………………………………… （144）

第二节 农民工市民化住房成本测算的关键分歧 ……… （153）

第三节 农民工市民化住房成本测算：一个微观
测算框架 ……………………………………… （157）

第四节　差异化住房政策的构想：基于农民工市民化

　　　　住房成本的区域差异 ……………………………（170）

参考文献 …………………………………………………（181）

后　记 ……………………………………………………（204）

第一章　问题的提出与理论基础

第一节　问题的提出：农民工市民化的住房障碍

中国正经历着也许是人类历史上规模最大、速度最快的城镇化过程。改革开放 40 多年以来，中国的城镇化率由改革开放之初的17.9%上升到 2019 年末的 60.6%。尤其是进入 21 世纪以来，全国城镇化率以每年约 1.2%的速度快速增长，这意味着平均每年有大约 2000 万人从农村向城市迁移。城镇化是一个宏观的过程，而农民工市民化则是城镇化的微观实现。虽然目前中国常住人口城镇化率已经超过六成，然而户籍人口城镇化率仅为 44.4%，常住人口城镇化率"虚高"的原因是将大量已实现职业转换但未实现身份转变的农民工统计在内（蔡昉，2010）。由于经济、制度、社会、文化等多方面尚未消弭的城乡区隔，农民工市民化进程步履蹒跚，大多数农民工无法真正融入城市。当前，与城镇化率稳步增长的态势不同，中国农民工市民化进程依然面临多重阻碍，发展过程出现了明显滞后。农民工市民化进程的滞后直接导致了城镇化过程中"农业剩余劳动力的非农化"和"农业转移人口的城市化"这两个过程的分割，对于农民工来讲，则意味着其职业转换和身份转变上的不同步：他们首先实现了从农民向农民工、由农村向城市的职业空间转换，但是由农民工向市民身份的转变则囿于重重阻碍，迟迟未能实现。

是什么因素阻碍了中国农民工市民化进程？现有研究尝试从多个角度对此进行解释：制度保障视角强调户籍、就业、教育、社会保障等城乡二元制度对农民工市民化的决定性作用（蔡昉，2010；黄锟，2011 等）；人力资本视角突出农民工自身素质和能力对市民化的影响（陈昭玖和胡雯，2016 等）；社会资本视角强调社会关系和组织网络的影响（叶静怡和周晔馨，2010 等）；物质资本视角更关注收入水平、就业质量等因素（谢东虹，2016 等）；而心理资本视角突出心理感受和心理状态对农民工市民化意愿的影响（胡军辉，2015 等）。作为一种重要而特殊的物质资本，住房因素对农民工市民化的可能影响也得到了部分研究的关注（章铮，2009；汪润泉和刘一伟，2017等），然而，当前关于这一方面的大多数经验研究多将住房作为一般控制变量，并未对住房因素进行重点关注，对住房影响农民工市民化的微观机制的系统性探索依然较为有限。

根据 2017 年国家卫健委流动人口动态监测数据调查，当前有约76％的农民工主观上认为难以承担城市购房的成本。近年来有大量关于农民工市民化成本的测算研究，大部分涉及住房成本的研究表明，农民工市民化的各项成本中，与住房相关的成本占总成本的比例最大，约占总成本的一半或者更高，甚至有些研究的测算结果超过80％（张继良和马洪福，2015；廖茂林和杜亭亭，2018 等）。然而需要指出的是，当前涉及农民工市民化住房成本的测算仅是将住房成本作为农民工市民化总成本的一个子类，由于宏观数据的可获得性，现有大部分研究对于住房成本的测算进行了大量简化，指标设计也不尽科学合理，对于农民工市民化的住房问题还存在多方面的分歧，导致不同研究的测算结果呈现出极大的差异，对农民工市民化住房成本的专门测算尤为匮乏，也缺乏一套具备足够说服力的测算框架。

国务院于 2014 年发布的《国家新型城镇化规划（2014—2020年）》明确提出了到 2020 年"实现一亿左右农业转移人口和其他常住人口在城镇落户"的目标。2019 年 4 月，国家发展改革委印发的《2019 年新型城镇化建设重点任务》中强调要"积极推动已在城镇就业的农业转移人口落户"，并再次将"加快农业转移人口市民化"的任务放在了最显著的位置。显然，从数量上实现一亿人落户仅仅是农民工市民化的第一步，未来更为艰巨的目标是促使农业转移人口真正融入城市，实现全面的市民化。农民工市民化的关键取决于家庭的定居决策（马晓河和胡拥军，2018），而城市住房问题已成为当前影响农民工城市长期定居决策的最关键经济变量，也是制约农民工市民化的最主要障碍之一。可见，对住房因素在农民工市民化过程中所发挥的作用的探索具有重要的理论意义和深刻的现实意义。住房因素在农民工的就业、定居以及市民化决策中发挥了什么样的作用？农民工市民化的住房成本究竟有多大？在区域差异和农民工社会分层日渐凸显的背景下，如何实现因地制宜、"一城一策"的精准化的农民工住房政策？本书将尝试对此进行经验性的探索。

第二节　理论基础：移民融合、劳动力迁移与居住分异理论

"农民工"是一个与中国户籍制度紧密相连的概念，西方国家很少有类似"流动人口"或"农民工"之类的提法，与"农民工市民化"或"流动人口社会融合"最接近的理论主要涉及农业劳动力迁

移、西方移民融合和城市居住空间分异等理论，这些理论涉及经济学、社会学、政治学和人文地理学等多个学科。本章我们分别从劳动力迁移、移民社会融合与居住分异理论的角度对与本书密切相关的经济学和相关学科的基础理论进行梳理。

一 劳动力迁移理论

为什么劳动力要从农村向城市、从小城市向大城市甚至跨越国境从发展中国家向发达国家迁移？关于这一问题的思考在威廉·配第、大卫·李嘉图等古典经济学家的著作中均有过经典的描述，一般认为，对这一问题的系统性经济学研究始于 20 世纪中叶美国经济学家刘易斯的二元经济结构论。随后，劳动力迁移理论不断发展，形成了多个各具特色的理论体系，当前的理论可以根据研究视角大致分为两类。一类是从宏观视角解释了劳动力迁移的原因和过程，最具有代表性的研究有刘易斯的二元结构模型、费景汉—拉尼斯模型、托达罗模型、皮奥里的二元（双重）劳动力市场模型等；另一类是从微观视角出发，探索个人或家庭劳动力迁移决策的原因及影响机制，具有代表性的研究有贝克尔等的人力资本劳动力迁移理论、斯塔克等的新劳动力迁移理论等等。

1. 传统劳动力迁移理论

（1）刘易斯二元经济结构模型

20 世纪 50 年代，刘易斯（Lewis，1954）提出的发展中国家劳动力转移的二元经济模型为后来的劳动力迁移理论奠定了基础。他的理论认为，发展中国家经济存在两个部门。一个是非资本主义部门，即传统的农业部门，这个部门普遍存在过剩的劳动力供给。另一个是资本主义部门，即现代工业部门，这个部门通过雇用劳动力生产并出售产品而获得利润。在经济发展初期，大量劳动力集中在农业部门，随着现代工业部门生产的持续扩张，农业剩余劳动力就会从传统农业部门不断流入现代工业部门。而现代工业部门一般集中在城市地区，农业部门在农村地区，此时，农业剩余劳动力的转移就意味着其在地理上从农村向城市的迁移，这便是劳动力迁移的过程。在刘易斯所建立的劳动力转移模型中，劳动力从农业部门向现代工业部门转移的根本原因是两部门的工资差别。刘易斯模型假设农村有大量的剩余劳动力，使得农村劳动力的边际生产率为零，因此当劳动力从农村向城市工业部门转移时，并不会对农业生产造成损失，这也意味着在一个固定的实际工资水平下，劳动力可以无限地向工业部门转移。尽管刘易斯模型的很多缺陷为后来的学者所诟病，但是其模型的历史贡献依然是无法否认的，它第一次系统地从宏观经济角度科学阐释了劳动力转移的过程，为后来的研究建立了一个最基本的研究框架。

（2）费景汉—拉尼斯模型

费景汉（Fei）和拉尼斯（Ranis，1961）指出，刘易斯模型存在两方面的不足：一方面，刘易斯模型忽视了农业发展对经济发展的重要作用，认为农业的主要作用是为工业发展提供廉价劳动力；另一方面，刘易斯模型忽视了促使农村剩余劳动力转移的重要前提——农业劳动生产率的提高。有鉴于此，费景汉和拉尼斯对刘易斯模型进行了修正，提出了强调农业生产率提高对劳动力转移影响的费—拉模型。费—拉模型明确提出了农村剩余劳动力转移的三个阶段：第一阶段是农业部门劳动力边际生产率为零的无限供给阶段。在这个阶段，农业部门中存在大量的显性失业，剩余劳动力离开农业部门并不会影响农业生产，而工业部门则可以在不变工资下，不断吸收农业部门的剩余劳动力。第二阶段是"第一转折点"出现阶段。在这个阶段，农业部门的劳动边际生产率由于剩余劳动力的不断减少而升高，变为正数。此时显性失业消失了，但依然存在的隐性失业使得劳动力继续向现代工业部门转移。农村劳动力的流失引起农业总产量的减少，粮食价格上涨，进而使得工业部门的工资水平上升，劳动力向现代工业部门转移的速度减慢。第三阶段是"第二转折点"阶段，该阶段由于农业部门的剩余劳动力已经被工业部门完全吸收，农业部门也已经实现市场化，此时工业部门要继续吸引农业劳动力转移，必须付出更高的工资，与农业部门争夺劳动力。由于该模型与刘易斯模型的紧密联系，费—拉模型也被学者称为"刘易斯—费—拉尼斯"模型。

（3）托达罗模型

虽然经过费景汉和拉尼斯等人的补充和修正，刘易斯二元经济模型在适用性方面得到了一定程度的提升，然而，在面对发展中国家的一些现实，例如现代工业部门的资本密集倾向、部分发展中国家出现的资本外逃现象、城市现代工业的失业等问题时，刘易斯模型及修正后的模型均无法对此进行解释。托达罗（Todaro，1969）指出，刘易斯模型中隐含的三个假设对于发展中国家并不适用。首先，刘易斯模型假定农村剩余劳动力的转移不受工业部门生产技术的影响。然而，对于资本密集型的工业部门来讲，其投资规模的扩大并不一定会创造出更多的就业机会。其次，刘易斯模型的一个重要隐含假设是，农村存在数量可观的劳动力过剩和隐性失业，而城市部门则处于充分就业状态。然而，这一假设与不少发展中国家城市失业人口的大量存在的事实是不相符的。最后，刘易斯模型假定发展中国家的劳动力市场是完全竞争市场，在"无限劳动供给"的情况下，工人工资可以维持在较低水平以利于现代工业部门的扩张。然而，很多现实表明，由于跨国公司等机构的示范作用，发展中国家现代工业部门的工资往往会远高于市场供求关系所决定的工资水平。托达罗模型（Todaro，1969；Harris 和 Todaro，1970）利用城乡预期收入的差距来解释为什么在城市存在失业的情况下，劳动力依然会选择从农村向城市转移的问题。托达罗模型认为，农村劳动力根据预期收入最大化的目标来做出是否向城市迁移的决策。这一决策包括两个方面，一方面是在发展中国家普遍存在的城乡较为悬殊的实际工资差距；另一方面取决于农村劳动力在城市工业部门取得就业机会的概率。综合以上两个方面，只要农村劳动力在城市就业的预期收入现值比在农村高，农村劳动力就会做出向城市转移的决策。

（4）二元劳动力市场理论

与传统的劳动力迁移理论不同，皮奥里的二元（双重）劳动力市场理论试图利用城市经济内部二元结构及其内生的劳动力需求来解释劳动力从低收入发展中国家向发达国家迁移的机制。Piore（1970）认为，在发达国家并不是所有部门都是高效率部门，其结构是一个典型的二元结构：资本密集、高效率的主要部门和劳动密集且低效率的次要部门并存，而这一结构也导致了发达国家的劳动力市场的层次化。劳动力跨国流动的基本出发点在于发达经济体对外来劳动力的永久需求：出于工资水平、工作条件、社会地位和名声、就业稳定性等多方面的考虑，发达国家本国的工人一般不愿意在劳动密集、低效率的次要部门工作，这导致次要部门的劳动力供给不足，需要设法吸引外国或外地劳动力进行补充。而来自低收入国家的外国劳动力对于工资水平、稳定性以及名声等方面的要求要明显低于本国工人，往往愿意从事低效率的次要部门的工作。因此，发达国家的次要部门便吸收了大量的外国劳动力来从事本国工人不愿从事的工作，这便是劳动力跨国迁移的基本动机。① 二元劳动力市场理论较为成功地解释了为什么发达国家依然存在低效率的部门，为什么发达国家本国工人不愿意从事低效率部门的工作而外来移民会接受以及为什么不能通过提高工资来吸引本国工人进入低效率部门工作等问题。同时，该理论也同样适用于解释一个经济体内部农村劳动力向城市部门转移的过程：由于城市部门二元劳动力市场的存在，城市部门需要农村劳动力来从事城市工人不愿意从事的低效率工作。当然，二元劳动力市场理论也存在一些明显的不足，例如该理论只是从需求方面对劳动力的迁移进行了分析，而供给方面并没有涉及；该理论亦无法成功地解释为什么经济结构类似的发达国家或地区之间也存在流动，同时其吸引的移民数量也存在巨大差异的问题。

2. 人力资本劳动力迁移理论

随着劳动力迁移理论的不断发展进化，其适用性和解释力也在不断增强，然而有一个问题是传统劳动力迁移理论框架无法解释的：为什么有些人选择了迁移而其他人并没有迁移，是什么因素将迁移者与继续停留在农业部门的劳动者区分开的？为了回答劳动者迁移的选择性问题，一些学者开始从微观角度建立理论框架来对此进行研究。Mincer（1974）和 Becker（1975）等学者将人力资本理论和劳动力迁移理论相结合提出了人力资本劳动力迁移理论来解释劳动力迁移的选择性问题，该模型为传统的劳动力迁移理论提供了一个较有说服力的微观分析基础。人力资本对劳动力迁移的决策具有重要的影响。人力资本劳动力迁移模型假设工人的个人技能会对农业和工业部门的生产力产生影响，因而对于城市部门而言，每个迁移劳动力的预期工资是

---

① Piore M. J., "The Dual Labor Market: Theory and Application", in Barringer R. and Beer S. H., eds., *The State and the Poor*, Cambridge, Mass: Winthrop, 1970.

其个人技能的函数。每个迁移劳动力的人力资本的特征不仅会影响其预期工资和获得工作的概率，而且也会对其迁移成本产生影响。而劳动者是否迁移的决策取决于迁移的预期收益和迁移成本的比较。一般认为，劳动者的迁移成本包括货币成本和非货币成本两部分，货币成本包括交通、住宿、食品支出等方面的迁移费用和迁移时在工作搜寻阶段失去的收入；非货币成本包括劳动者迁移和适应新环境的时间成本、心理成本等。相应地，劳动者迁移的收益也包括货币收入和非货币收入两个部分，货币收入主要指劳动力迁移后可能获得的实际货币收入的增加，而非货币收入则主要涉及劳动力在新环境中社会关系的改善、个人心理的满足等。当劳动力的迁移收益大于迁移成本时，劳动力才会做出迁移决策。人力资本劳动力迁移理论为进一步的实证研究提出了一系列可以验证的假设。例如，相对于年长的劳动者来讲，年轻人拥有更长的时间通过迁移而获取更多的收益，因此年轻人比年长者的迁移概率更高；类似地，受教育程度和技能水平更高、在迁移地有更多社会资本的劳动力也更愿意迁移。

3. 新劳动力迁移理论

新劳动力迁移理论与传统劳动力迁移理论和人力资本理论最关键的不同在于，新劳动力迁移理论指出，劳动力迁移的决策不是个人决策而是群体决策。该理论认为，人口迁移决策并不是由相互独立的个人单独做出的，而是受到周围环境的影响，由相互关联的个人所构成的群体所做出的群体决策，而最典型的群体单位就是家庭。在家庭单位里，人们的目标函数不仅仅是最大化家庭的预期收入，而且会考虑最小化风险、缓解市场之外各种可能的难以预测的约束（Stark，1982，1986，1991）。新劳动力迁移理论的核心可以总结为三个方面（盛来运，2005）：一是"风险转移"。Stark（1978，1982）认为，由于发展中国家的农业家庭收入并不稳定，为了规避和转移风险，增加家庭收入来源的多样性，家庭会决定支持部分家庭成员迁移进入城市劳动力市场，为家庭提供一种新的稳定收入，以减少对当地单一收入来源的依赖。二是"信贷约束"。Stark（1982）等还指出了迁移者作为其家庭从农业生产向商业活动转换的投资和信用中介的作用。在广大发展中国家或农村地区，资本市场不完善，投资信贷等的获得成本很高，而迁移者则可以利用发达国家或城市较为完善的信贷市场为家庭要从事的投资筹集到成本较低的资本。三是"相对剥夺"。Stark（1984，1988）构造了一个相对剥夺模型来解释劳动力迁移。所谓相对剥夺（Relative Deprivation），是指个体一般会根据一个内在化的期望生活标准对自己的收入和生活状况做出的评价，这可以看作一种由周围环境所决定的期望生活水准。该理论认为，家庭在做出迁移决策时不仅要考虑绝对收入，同时也会注重与同社区等周围群体收入水平的比较。由于相对剥夺感的存在，即使家庭的收入水平有明显的提高，但如果提高程度低于周围群体，此时家庭就会存在相对剥夺的感觉，因此家庭仍然会决定迁移。从更为宏观的角度分析，相对剥夺模型的结论意味着，农村收入不平等的加剧会因为相对剥夺感的存在而刺激更多的劳动力迁移。

二　移民社会融合理论

西方国家的社会融合理论发端于对族裔移民、社会整合等方面的研究。在移民进入新的环境之初，由于语言文化、生活习惯和价值观念等多方面的差异，同时新环境也可能存在歧视移民的种种制度障碍或非制度障碍，这使得大多数移民刚在进入一个新环境之时，不可避免地经历一个隔离（segregation）过程。Park（1928）用边缘化来描述移民初入新环境时所经历的隔离过程。当移民初入一个新环境时，会发现自己原有的社会资本和人际关系网络等难以继续发挥作用，而在新的社会网络没有建立，同时语言文化、生活习惯和价值观念等方面又与新环境格格不入，此时很容易产生忧伤、不安、愤怒、退缩、后悔或思乡等多种消极情绪，进而产生一种强烈的无所归依的心理，这就是移民被隔离和边缘化的现象。

随着移民在新环境居留时间的延长，他们会开始或漫长或短暂地多方面地融入当地社会的过程。部分移民会在较长时间的适应和调整以后基本融入当地主流社会；而部分移民最终会融入当地有共同文化的少数族裔群体；亦有部分移民会在一些方面融入当地主流社会，但是在另外一些方面依然保持自己原有的生活习惯和价值观念等。移民融入新环境的过程，普遍要经历一个隔离——选择性融入——社会融合的发展轨迹（杨菊华，2009）。而这一融合过程的进展是因人因地而异的，不同的移民由于语言、文化、生活背景等方面存在较大差异，有些移民能够顺利完成从隔离到融入主流社会的过程。然而也有相当一部分移民最终无法完成真正的社会融入，而仅停留在这一发展轨迹的某个阶段。因此，从20世纪初期，对于这一过程的理论研究开始引起西方国家社会科学学者的大量关注，形成了多个各有特色的流派，最有代表性的理论有"融合论"（assimilation）、"多元文化论"（pluralism or multiculturalism）、"区隔融合论"（segmented assimilation）等。这三种代表性理论源于不同的社会历史背景，较为成功地解释了不同时期移民融合的路径和结果。

1. 融合论

早在20世纪初期，就有不少学者开始关注移民的社会融合问题，从而形成了关于移民融合的最早的理论——融合论。Park 和 Burgess

（1921）与 Park（1928）认为，融合是指"个体之间或群体之间通过共享经验和历史，彼此获取对方的记忆、情感、态度等，相互渗透、相互融入，最终整合于一个共同的文化生活之中"。融合论将移民融合的具体过程划分为四种主要的互动：经济竞争、政治冲突、社会调节、文化融合。有学者指出，这四种互动是递进的，虽然 Park 等人并没有明确表明（杨菊华，2009）。

到 20 世纪中期，由于 Gordon（1964）等学者的贡献，融合论在学界的影响进一步扩大，美国作为文化"大熔炉"的理念也深入人心。然而，从 20 世纪 60 年代开始，欧美关于移民和新生代移民的理论研究向传统的融合理论提出了挑战（Rumbaut，1997；Alba 和 Nee，2003），而其移民融合的理念也受到批评和冲击（Hirschman，1983）。批评者指出，首先，传统的移民融合理论忽视移民的种族差异，也不考虑移民的社会经济背景，总是潜在地假定，随着移民在新环境居留时间的延长，由于经济实力的增强、语言的适应以及文化的认同，移民总是会融入新环境的主流社会，最终被"大熔炉"同化。然而，很多移民融合的结果并非如此。其次，少数族裔融入新环境的过程不一定是传统融合论所描述的由少数族裔向流入地中产阶级融合的不可避免的线性轨迹，而是一个长期的、累积的、世代的过程，是多层面多因素共同作用的结果，它是少数族裔的原有传统逐渐弱化的过程，这一过程既来源于个体自觉的行为，也来源于其自发的日常生活的决策（Alba 和 Nee，2003）。因此，有学者进一步修正了融合的定义：所谓融合，是指少数族裔与主流社会之间界限的跨越、界限的模糊、界限的重构过程（Alba 和 Nee，2003）。

作为最早的对于移民进入新环境的适应过程和融合结果进行解释的理论，传统的融合论重点关注移民融合的路径、过程和机制，强调不同文化之间的融合和渗透，本身并没有直接涉及不同文化的高低优劣问题。虽然在移民政策实践中，融合论后来被部分人曲解和利用，为以欧洲族裔白人为中心的种族优越论提供支撑，成为排斥和限制少数族裔移民，实行种族歧视和政策排斥的工具，但是该理论本身对移民进入新环境的适应过程的探索的理论框架，对此后的移民融合理论的发展提供了重要的指导。

2. 多元文化论

与传统的融合论总是假设移民终将放弃原有文化、融入主流社会文化不同，多元文化论强调移民自身的文化与流入地主流文化的相互影响，坚持多文化、多语言、多民族的社会结构。多元文化论主要发源于20世纪四五十年代的美国，随后在澳大利亚、加拿大等其他以英语移民及其后裔构成主流社会的国家和地区也产生了广泛的影响。学者普遍认为，多元文化论产生之初更多是一种政治主张，以反对长期以来占据主导地位的，以欧裔白人为中心的，具有较强种族歧视意味的同化论为其主要目的。"二战"以前很长一段时间，美国等国家为保持文化同质化和种族纯洁化的目标，一方面积极推行同化政策，排斥民族文化多样性；另一方面，通过严苛的移民政策，严格限制其他族裔移民的进入。这一现象在"二战"以后出现了明显的改变，由于较强的国际压力，同时也出于本国战后发展的需要，美国、加拿大等国开始逐渐放宽移民政策，接纳了大量来自欧洲的移民和难民，以及其他族裔人口进入本国。在这一时期，这些国家的种族和民族结构多样化出现了快速的发展，少数族裔在人口中的比重明显上升，文化的多样性也得到了空前的发展，这为多元文化论的产生和发展奠定了基础。因此，多元文化论主张，当流入地社会文化具有较大的包容性时，移民不会放弃原有的文化，而是会在新社会重新塑造其身份认同的同时，维持原有的文化和价值观念，这将有助于流入地形成更加多元化的经济社会秩序（Portes 等，1980；周敏，1995）。可见，多元文化论的产生源于对富有种族歧视特色的同化论的对抗，具有一定的理论意义，但更大程度上是一种政治主张。

3. 区隔融合论

传统的融合理论对移民的种族和经济社会背景差异的考虑不足，无法解释现实中的一些现象，而区隔融合理论可以看作对传统的融合论的补充和发展。很多研究发现（Boyd，2002；Hirschman，2001；Perlman 和 Waldinger，1997；Portes 和 Zhou，1993，2001），由于社会角色、入城目的以及生活经历等方面与父辈的差异，移民子女在流入地的文化融合、行为适应以及身份认同等方面表现出与父辈明显的不同。因此，新一代移民的社会融合问题也难以复制上一代人社会融合的经验。Portes 和 Zhou（1993）通过对美国第二代移民的研究发现，移民子女的社会融合呈现出明显的"区隔融合"模式：很多第二代移民并没有完全融合到主流社会，仅仅实现了在某些方面的融合，这是比传统的线性融合更复杂的融合方式。

为什么移民子女在社会融合中呈现出与先辈截然不同的路径和结果？区隔融合论认为，当代移民群体会因为多种因素的差异，产生完全不同的融合结果，这是传统的线性融合理论无法解释和预测的。有研究指出移民的教育文化水平和技能水平以及他们在流入地最早期的经历对移民的融合模式存在显著影响。流入地针对移民的公共政策，流入地社会成员对移民表现出敌意或漠不关心还是诚心接纳，对不同族裔移民融合的过程和结果产生非常重要的影响（Portes 和 Zhou，1993）。受这些因素的影响，当代移民的融合结果主要表现为三种不同的模式。第一种是完全融合于主流社会。一些拥有较高人力资本的移民群体，受到当地主流社会文化的欢迎和青睐，他们有更大的可能较快地实现与主流社会文化的融合。同时，其人力资本也可以为子女提供更好的教育机会，这进一步帮助和促进了其子女融入主流社会文化的过程。第二种是融合于城市贫困文化。一些移民群体没有太高的人力资本，社会资源也相当有限，无法找到稳定而体面的工作，从而取得可观的收入。同时也难以为子女提供较好的教育机会，在其融入主流社会文化的尝试受到制约的同时，以移民子女为代表的第二代移民很可能进入质量低劣的学校，被暴露于不健康的少年文化环境中，从而过早失去了学习的兴趣和向上层社会融入和流动的动力。第三种是选择性融合。一些有足够资源和条件的移民群体在下一代的社会融合中，会有意识地选择对子女进行更优质的教育，促进子女尽快融入主流社会文化，但同时鼓励子女坚持自己族裔原有的文化传统，限制子女对美国青少年社会文化的认同。可见，与传统融合理论相比，区隔融合论适应新的社会背景，强调人力资本等因素对社会融合的深刻影响，并据此提出了多种融合模式，它告诉人们：移民适应流入地生活时保留自己的原有文化，并不意味着其拒绝和排斥与主流社会融合；当移民的人力资本和社会资源不足以融入主流社会时，融合于城市底层的贫困文化只是一种无奈的选择。

三　居住空间分异理论

居住空间分异是指城市居民由于经济收入、文化背景、社会地位等方面的差异而居住在不同的居住区，人与人之间由于社会阶层的不同而出现的居住区的分化现象。从城市空间的变化趋势来看，居住分异实际上是居民居住空间从"均质"向"异质"演化的动态过程。"同质而居、异质隔离"，居住空间不断分化和极化的结果必然导致居住隔离，而西方城市普遍存在的类似"富人区""穷人区""贫民窟"的分化则是居住分异深化的结果。城市居住空间为什么会出现分异？经济学、社会学和城市地理学等学科从不同的出发点对此进行了系统性的探索。

1. 城市物质空间特征的地理学理论

自从人类最早的城邦形成以来，人们对城市空间结构特征的思考和探索从来都没有停止过。受神权和君权思想的影响，关于城市空间的早期研究强调城市空间应以宗祠、王公府第、集市等为核心布局进行规整和优化。前工业社会时期的城市空间结构主要是在以自然经济为主的社会经济发展阶段中形成的，Sjoberg（1960）对前工业社会时期城市空间结构的研究发现，工业时代以前的几乎所有城市具有基本相同的结构特征，主要表现在八个方面：第一，大多数城市都建立在对农业、防御和贸易有利的区域；第二，大多数城市都建有环绕四周的城墙；第三，宗教在大多数城市的自然布局和社会结构方面占据主导地位；第四，大多数城市都建有中心广场，中心广场周围一般是教堂和政府建筑；第五，以广场为中心放射出宽阔的林荫道，紧邻中心区是统治阶层社会名流居住区；第六，平民和低社会阶层人口居住在城市边缘以及城墙外侧；第七，商人和工匠往往在工作地居住；第八，城市统治着周围的农业地区，并从农业生产中获得粮食（杨永春，2003）。

18 世纪工业革命的发生极大地推动了西方国家的工业化和城市化进程，西方城市空间结构也出现了深刻的变化。传统的以自然经济为主体的家庭和小作坊式的高度分散的城市空间布局迅速瓦解，城市空间格局开始由分散走向集中。随着城市空间集中度的不断提升，城市贫富差距、阶级冲突、环境恶化等问题越来越突出，在此背景下，以欧文（Owen）和傅立叶（Fourier）等人为代表的空想社会主义学派开始思考和提出一系列城市空间结构的理想模式。20世纪初，学者对城市空间结构的研究兴趣开始转向对城市功能空间的研究。代表性的研究有霍华德（Howard）于1898年提出的"田园城市"，马塔（Mata）提出的"带形城市"的空间结构，戈涅（Garnier）提出的"工业城市"理念等。从20世纪60年代到90年代，学者开始注重城市空间结构的文化价值，强调城市结构应适应人类情感的人文性和历史发展的连续性。代表性的观点有林奇（Lynch）提出的城市形象五要素，雅各布（Jacobs）的城市交织功能、亚历山大（Alexander）的半网络城市、列波帕特（Poporti）的多元文化城市等理论（Lynch，1980；沙里宁，1986；吴启焰和朱喜钢，2001；杨永春，2003）。20世纪90年代以后，城市空间结构研究已经开始由传统的城市物质形态向城市空间结构的形成机制研究发展，并广泛运用多学科方法，由地理学向经济学、社会学等多学科交叉的综合研究发展。

2. 城市居住空间分化的经济学理论

经济学对城市居住空间的系统性思考始于19世纪初期的古典区位理论，直到后来区域经济学、城市经济学和空间经济学等分支学科的兴起，使得经济学对城市空间的思考进一步深入。经济学对城市居住空间分化的解释倾向于从区位、地租、资源配置、人的行为决策等角度，利用系统的数理分析方法对城市居住空间进行解释和预测。主要的代表性理论有以新古典经济学为基础的新古典主义学派；同样以新古典经济学为基础并对新古典主义进行发展的行为学派；以空间经济学理论为核心并对主流经济学框架产生影响的区位理论。

（1）新古典主义学派

新古典主义学派以新古典主义经济学方法为基本框架，强调完全竞争条件下资源配置的最优化，关注个人经济行为的城市空间特征并引入表征空间距离的交通成本作为空间变量建立模型，从最低成本区位的角度，探讨在完全竞争市场条件下的区位均衡，解析城市空间结构的内在机制（唐子来，1997）。Alonso（1964）在新古典经济学理论基础上提出了地租竞价曲线，并以此来阐释区位、地租和土地利用之间的关系。他认为，由于不同预算约束的存在，不同的土地使用者对同一区位的估价是不一样的。随着同一区位与市中心距离的增加，每个土地使用者的收益均会递减，但其边际变化率是有差异的。在上述假设基础上，他指出，城市的空间结构实际上是土地使用者在土地成本和交通成本之间进行权衡决策的结果。利用地租竞价曲线，Alonso（1964）和 Muth（1969）进一步提出了收入隔离理论来解释城市居住空间的分化。收入隔离理论认为，与高收入家庭相比，中低收入家庭对区位成本的变化更加敏感，而其地租竞价曲线也更加陡峭。因此，在权衡土地成本和交通成本之后，低收入家庭倾向于做出居住在中心区位的决策，而高收入家庭则会选择郊区居住。对于企业的区位选择问题，新古典主义学派从收益成本分析的角度，构建了由总收益曲面和总成本曲面构成的利润空间来表示企业可以赢利的空间区域，而并不仅仅局限在能获得最大利润的唯一区位。20 世纪 70 年代以后，随着福利经济学的发展，福利最大化原则开始被学者们应用到医院学校等公共设施的区位选址中，而各个地区到主要公共设施的距离亦成为重要的衡量标准（Smith，1997；唐子来，1997）。

（2）行为学派

新古典主义以新古典经济学的理性人假设为主要的出发点，20 世纪 60 年代开始出现的行为学派认为，新古典主义学派对人的假设过于理性化。行为学派指出，由于认知水平、价值观以及信息不对称等因素的影响，现实中行为人不可能是完全理性的。因此，作为对新古典主义学派基本假设的改良，行为学派在研究城市空间结构时强调对人的行为的研究，注重把人的主观意识和价值观等社会、心理因素纳入研究视野，以便更全面地研究现实空间经济行为。行为学派的最早的代表性研究是 Kirk（1963）从行为视角对个人居住区位决策的研究。Kirk（1963）提出了所谓现象环境和行为环境的概念，现象环境主要指自然现实的外部世界，行为环境主要指人对自然现实环境的感知。他认为，在个人城市居住区位决策的研究中，应该重视人的行为与现象环境之间的关系对决策的影响。行为学派对城市居民住房决策的早期研究强调个人的行为，其关注重点是个人或群体所具有的不同的特质和动机等决定了不同的个体对环境感知的差异性，也决定了其行为的差异性。有学者指出，行为学派强调个人行为基于其对于现实环境的感知，而不是基于实际存在的现实环境，这一假设忽视了群体和社会对个人行为可能存在的影响。后期的行为学派研究尝试引入人文地理学等多学科的视角，在对居民家庭选址决策的研究中，不仅关注具有相同社会地位、职业及文化和宗教背景的个体的相对聚集倾向，同时也强调自然环境和公共设施服务水平对家庭选址的重要影响；在企业空间选址决策研究中，行为学派指出其选址行为主要受劳动力供给、地区环境和政府区域政策等因素的影响（王波，2006；付磊，2008）。

（3）区位理论

区位理论是经济学对城市空间进行解释的最有影响力的理论。最早的研究始于德国古典区位学派，该学派倾向于以产业为单位，阐释各类产业活动在空间活动上的分布规律。代表性研究有杜能（Tunen）在其 1826 年的著作《孤立国》中提出的"农业区位论"；

韦伯（Weber）1909 年的著作《工业区位论》中提出的"工业区位论"；克里斯塔勒（Christaller）在 1932 年提出的"城市区位论"；廖什（Losch）在 1940 年提出的"市场区位论"等等。20 世纪 70 年代，在古典区位学派的研究基础上，很多学者尝试将古典理论构建为一个系统的空间结构，而影响这一空间结构的主要因素包括对土地开发利用、要素聚集和运输费用等（刘朝明，2002）。20 世纪 80 年代以后，随着以经济活动的空间区位和资源的空间配置为研究重点的空间经济学的兴起，以克鲁格曼（2000）等学者为代表的研究城市空间结构的区位理论的影响逐渐扩大，并被逐渐纳入西方主流经济学的研究框架。区位理论对城市居住空间结构的研究，考虑到了新古典主义经济学存在的部分缺陷，也比新古典主义学派和行为学派更符合现实，具有更强的解释力。然而，部分新马克思主义结构学派指出，新古典主义学派、行为学派和区位理论学派的一个重要缺陷在于仅从个体的选址行为角度对城市空间结构进行分析，而忽略了整个社会的结构体系才是个体选址行为的根源（唐子来，1997）。因此，要进一步揭示城市空间结构的演变机制，还需要从城市居住空间的发展过程及其所处的社会背景和政治经济结构等多方面进行研究，而社会学对城市居住空间分化的探索也可以为城市空间的经济学探索提供参考。

3. 城市居住空间分化的社会学理论

社会学对城市问题的思考由来已久，从早期古典学派对工业化和城市化过程中的社会变迁的思考，到芝加哥社会学派从人类生态学的角度来解释城市空间结构的竞争和演替过程，再到新城市社会学派以马克思主义资本积累和阶级斗争理论为基本框架解析城市空间结构的形成机制。社会学者对城市居住空间的研究在不断地丰富和深化。

（1）古典社会学城市理论

古典社会学关于城市问题的早期研究始于孔德（Comte）与斯宾塞（Spencer）对工业化和城市化过程中的社会变迁的关注（李少春，2003）。腾尼斯（Toennies，又译为"滕尼斯"）的研究重点关注了城市和农村社会之间的比较，他将人类的聚居形式分为城市和农村两种理想化的方式，并指出人类社会由农村向城市的过渡是不可逆转的历史潮流（向德平，2002）。德国社会学家韦伯（Weber）对欧洲和中东历史上的城市进行了研究，并将这些城市与印度和中国城市进行比较，提出了"理想型的完全城市模型"。齐美尔（Simmel）的研究关注了城市的社会心理，揭示了农村和城市的差别并解释了引起城乡差别的原因。马克思对于城市空间问题也有深入的思考，他指出，城市表现为物质形态和社会形态两种形式，它是基本生产条件的空间集合、劳动力集中和流动的市场，是特定区域内生产力、生产关系和上层建筑的集合体（高鉴国，2000）。资本主义生产方式所产生的经济驱动力、在社会关系中的优先地位以及关于增长、利润和消费的标准，塑造了新型的城市，也改变了乡村的生活方式（高鉴国，2000）。古典社会学派从社会结构、社会心理等方面强调了城市在西方资本主义社会发展过程中所起到的历史性作用。虽然古典学派并没有把城市本身作为研究对象来进行研究（邓清，1997），但是其理论为后来的城市社会学的发展奠定了理论和方法论基础，并直接影响了随后的芝加哥学派、新城市社会学派等城市空间理论的形成和发展。

（2）芝加哥学派的城市空间研究

20世纪30年代开始，以帕克（Park）为代表的芝加哥学派受到斯宾塞等学者的"社会有机体论"以及达尔文"生物进化论"思想的影响，以生态学理论来阐释城市的发展过程，创立了以社会学视角来观察城市变迁的人类生态学。帕克（1936）认为，城市的发展过程的本质是以竞争、隔离、支配和继承为基础的生态秩序和以冲突、适应与同化为基础的政治秩序和道德秩序相互更迭发展的结果。而麦肯齐等学者在帕克的理论基础上，将竞争、冲突、适应和同化四个概念进一步扩展为集结、分散、中心化、非中心化、分隔、侵占和继承等7 种生态发展轨迹（McKenzie，1933）。[①] 麦肯齐认为，正是这些生态过程决定了社会族群和建筑群在城市中的空间移动，而对这一过程的研究则构成了反映城市社会变迁过程的生态过程论。在该理论框架基础上，芝加哥学派先后提出了关于城市空间结构的三种经典模型。第一种是伯吉斯利用侵入和演替等理论对芝加哥城市土地的利用结构进行的研究，提出了城市空间结构发展的同心圆模式（Bugress，1925）。第二种是霍伊特通过对美国部分中小城市以及芝加哥、纽约等大城市住宅区位进行研究后所提出的扇形模式（Hoyt，1939）。第三种是哈里斯（Harris）和乌尔曼（Ullman）于 1945 年提出的多核心模式（Harris 和 Ullman，1945）。芝加哥学派三大经典城市空间结构模型的提出产生了广泛的影响，引发了大量的关于西方国家城市空间结构的实证研究，社会学者们将三大模式在其他国家和城市进行了整合和扩展，据此构建出多种城市空间结构的现代模式。例如，Simmons（1965）利用更精细的指标揭示了三种模型的内部分布特征：从社会阶层方面，高收入居住区和低收入居住区往往呈扇形分布；从城市化方面，不同家庭构成的居住区一般呈同心圆分布。Murdie（1969）利用演绎分析法对加拿大多伦多市的居住空间结构进行了实证研究。芝加哥学派率先将生态学及其相关理论应用到城市社会学的

---

① McKenzie R. , "The Rise of Metropolitan Communities", in Hawley A. , ed. , *Human Ecology*, Chicago, I. L. : University of Chicago Press, 1933.

研究中，从一开始就招致了很多学者的批评。他们认为所谓的人类生态学将人类社会与动植物相提并论，利用生物世界的自然规律对城市社会进行研究的做法是一种社会达尔文主义观点。然而无法否认的是，芝加哥学派在城市研究中所最先采用的"过程"方法，对推动城市社会空间研究做出了重要的贡献。

（3）新城市社会学对城市空间的理论研究

20 世纪 60 年代，伴随着西方国家普遍出现的经济衰退，城市衰败、种族冲突、城市骚乱等城市问题不断加剧，社会学者们对当时占据城市社会学研究主导地位的芝加哥学派的城市问题研究提出了广泛的质疑和批判，认为他们并没有揭示造成城市问题的根本原因。马克思主义理论对资本主义社会矛盾的揭示为社会学者们的研究提供了启示，并成为该时期城市社会学研究的理论基础。该时期的代表性学派包括以法国学者列斐伏尔（Lefebvre）和卡斯泰尔（Castells）为代表的新马克思主义和以美国学者哈维（Harvey）为代表的激进经验主义学派，由于他们均以马克思主义政治经济学为基本思想，因此又被称为新马克思主义。同时，该时期还存在一个与新马克思主义相对立的以帕尔（Pahl）、雷克斯（Rex）和摩尔（Moore）为代表的新韦伯主义学派。

（4）新马克思主义的城市空间研究

1974 年，列斐伏尔在《空间的生产》一书中提出了"空间生产的历史方式"。他从城市空间分析的角度，揭示当代资本主义城市的发展脉络。他指出，现代资本主义城市将空间作为一个整体进入现代资本主义的生产模式，被利用来生产剩余价值。此时空间是一种生产资料，也是一种消费对象，资本主义的空间生产通过占据空间、生产空间和将空间分解为可以交换的商品直接与社会生产关系的再生产相联系。因此，列斐伏尔认为城市空间本质上是一种政治行为。与列斐伏尔的观点不同，卡斯泰尔反对列斐伏尔"空间是政治的"观点。卡斯泰尔（Castells，1972）指出，城市空间作为集体消费过程发生的主要场所，其发展和演变是资本家阶级和工人阶级之间不断斗争的结果：资本家阶级强调资本积累，要求国家将大部分投资投入社会性生产过程；而工人阶级则要求国家加大对集体消费投资的比重。国家一方面代表着占统治地位的资本家阶级的利益，另一方面也被迫采取一定的缓解阶级矛盾的措施。因此，政府介入集体消费过程的程度对城市空间结构的演变产生了重要的影响（邓清，1997）。20 世纪 80 年代新马克思主义学派的代表人物哈维（Harvey，1985）强调资本积累与循环在城市空间变迁中的作用，他根据资本主义生产与再生产的周期性规律提出了资本的三级环程理论来解释资本运动和城市空间变迁的关系。哈维指出，城市空间的发展变迁过程是生产、流通、交换和消费的物质基础设施的创建过程，而资本进入次级和三级环程是城市空间结构变迁的主要决定因素。同时，资本的动态过程和国家对劳动力再生产过程的干预是城市空间结构变化的真正动因（Harvey，1985；夏建中，1998）。

（5）新韦伯主义的城市空间研究

以雷克斯、摩尔和帕尔等学者为代表的新韦伯主义学派继承了韦伯的研究传统，形成了与新马克思主义相反的观点：他们反对阶级和国家的概念，认为生产资料的占有并不是划分阶级的唯一标准；也反对社会结构决定个人行为的观点，认为个人行为更大程度上建立在理性思考的基础上，在社会结构中具有一定的独立性。基于以上观点，新韦伯主义学者在城市空间研究中的主要贡献集中在"住房阶级"和"城市经理人"两个方面。雷克斯和摩尔（Rex 和 Moore，1967）将芝加哥学派的同心圆城市空间模型与韦伯的住房阶级理论相结合，对城市中各群体争取有限城市资源的情况进行了分析。他们认为，城市中不同群体对住宅和居住地的选择并不仅仅取决于经济因素，同时也受到市场竞争机制和科层官僚体制的深刻影响。随着城市住宅市场的兴起和分化，各城市群体对不同住宅的拥有则产生了不同的"住宅阶级"，从而形成了类似同心圆模式的城市人口分布结构。在雷克斯等学者的研究基础上，帕尔（1969）用"城市经理人"理论阐释了造成城市社会冲突的根本原因。"城市经理人"理论指出，城市资源的分配不仅仅取决于市场力量，同时也取决于科层制的架构，更大程度上是由掌握科层制运作机制和住宅市场的所谓"城市经理人"的个体行为所控制的。他认为含有地理空间成分的城市资源无法同时被多个群体占有，因此，城市作为一个社会空间体系便产生了资源分配的不平等，而正是由于这种不平等才导致城市内不可避免的社会冲突。

第二章　文献述评：住房、住房政策与农民工市民化

　　农民工从农村流入城市并实现定居的过程，经济学多称其为"市民化"，社会学多将其称为"社会融合"，尽管研究视角不尽相同，但其研究范围不外乎经济、制度、社会、文化、心理等几方面的城市融入。城市化是一个宏观的概念，而农业转移人口市民化或农民工市民化则是城市化的微观实现。当前关于农民工市民化的相关研究从农民工市民化的定义、市民化进程的分解和测算、市民化影响因素、市民化成本测算等诸多角度进行了广泛的研究。然而，囿于学科视角的差异，大部分经济学研究更关注农业转移人口在经济和制度方面的融合障碍，而现有的社会学研究则更关心农民工在社会、文化和心理等方面的融入问题。显然，要全面理解农民工市民化的过程不能仅仅局限在经济和制度角度，农民工在社会、文化和心理等方面的市民化也至关重要。同时，作为当前农民工市民化的最大障碍因素之一，对于住房问题在农民工市民化过程中所发挥的作用，当前的研究依然比较有限。因此，为了梳理当前关于农民工市民化的最新研究成果，探索住房要素对农民工市民化可能存在的深刻影响，本章我们从跨学科的角度，对相关的经济学和社会学文献进行了全面的梳理和评述，并较

为系统地梳理和阐述了住房和住房政策对农民工市民化可能存在的深刻影响。下文我们首先对近年来关于农民工市民化的相关研究进行全面的梳理，并对其中涉及的关于住房因素的观察进行重点的讨论和分析；然后结合西方国家促进社会融合的住房政策在理论上的争论和在实践上面临的困境，梳理和探讨住房政策对中国农民工市民化的深刻影响，并对未来的住房政策方向和相关研究进行一些展望。

第一节　住房与农民工市民化

如果说城镇化是一个宏观的概念，那么农民工市民化则是城镇化的微观实现过程。中国的农民工市民化进程与大多数西方国家的类似进程不同，由于长期以来的户籍制度形成的城乡二元结构，使得中国农业人口向城市迁移的过程出现了职业转变和身份转换上的不同步，也导致中国农业人口迁移表现出与西方国家类似过程最大的区别：中国农业人口的城市迁移既有流入又有回流（李斌，2008），而最终实现永久迁移的农民工只是少数，多数向城市迁移的农村劳动力并不打算在迁入地长期定居（Wang，1999）。中国农业转移人口在职业转变和身份转换上的分割产生了"农民工"的概念，而当前关于农民工市民化的文献主要从农民工市民化的定义、市民化进程的理论分解和测算、市民化的影响因素与住房、市民化的成本估算等多方面进行了研究，其中在一些领域和部分研究中体现出了对住房因素的关注。

一　农民工市民化的定义

什么是"农民工市民化"？农民工离开农村流入城市工作，怎样才算实现了"市民化"？现有关于农民工市民化的定义可以大致分为狭义和广义两个层次。狭义的农民工市民化是指农民工获得作为城市居民的身份、地位和相关权利的过程。从狭义角度来看，大部分研究认为农民工实现市民化的标志是取得城市户籍，或者取得和市民同样的基本公共服务权利（蔡昉，2010；许抄军等，2015；李小敏等，2016；钱雪亚等，2017）；然而也有学者认为，农民工市民化并不等同于农民工取得城市户籍，也不等同于取得与城市居民同样的基本公共服务权利，关键是基于家庭定居的市民化决策（马晓河和胡拥军，2018）。广义的农民工市民化则不仅指农民工在身份、地位和基本权利上的城市化，更是农民工在自身素质、意识行为、自我认同等各方面向市民转化的过程（徐建玲，2008；刘传江和程建林，2009；《中国农民工战略问题研究》课题组，2009；张国胜，2009；王竹林，2010 等）。可见，狭义的农民工市民化定义强调农民工户籍身份，基本公共服务权利，家庭定居决策等经济制度因素的转变，而广义的农民工市民化概念则更强调农民工在经济、制度、社会、文化和心理等多个方面融入城市的"多位一体"目标的实现过程。

二 农民工市民化进程的理论分解

发展经济学理论认为，城市化的过程涉及两个方面："农村人口的城市化"和"农村剩余劳动力的非农化"（刘传江，2006）。在大多数西方市场经济国家，这两个过程是同步实现的。与西方国家不同，由于城乡二元结构的长期存在，中国农业人口向城市迁移的过程中，其职业转换和身份转变基本上是不同步的。他们首先实现了从农民向农民工、由农村向城市的职业空间转换，但是由农民工向市民的身份上的转变则明显滞后于职业空间转换，人口城镇化进程明显落后于土地城镇化（蔡昉，2010）。针对这一特征，学者们从不同角度将中国农民工市民化的进程分解为多个阶段。王桂新等（2006，2008）提出了"集中化—常住化—市民化"的三阶段划分法：第一阶段是集中化阶段，又称为形式（空间）城市化阶段，在该阶段，大量农村人口迁出农村地区并向城市地区集中，完成了"由农村趋向城市、由分散趋向集中"的空间转移；第二阶段为常住化阶段，又称为过渡城市化阶段；第三阶段为市民化阶段，又称为实质城市化，在该阶段，已经实现常住化的农村转移人口试图通过持续的努力获取城市户籍，争取与市民同样的基本公共服务，真正实现由农村居民向城市居民的质变。王桂新等（2006，2008）以取得城市户籍作为市民化进程的终点，显然是从狭义的农民工市民化定义出发的。而许抄军等（2015）则从广义的农民工市民化定义出发，提出了"职业转变—身份转换—社会认同"三个阶段：第一个阶段是农村人口由农村迁移到城市并获得工作的阶段，该阶段实现了空间上由农村向城市、职业上由农民向农民工的转变；第二个阶段为由农民工向市民的身份转换；第三个阶段为成为市民以后，在社会、文化和心理等多个层面真正融入城市的阶段。显然，前两个阶段概括了狭义的农民工市民化进程，而加上第三个阶段则构成了广义的农民工市民化进程。类似的划分还有冷向明和赵德兴（2013）的"农民工—新市民—市民"三阶段划分，以及张元庆（2016）的强调农民工人力资本提升的"内生性市民化"论，等等。

三　农民工市民化进程与住房市民化程度的测算

　　当前关于农民工市民化进程的测算研究基本上是从广义的农民工市民化定义出发的，最常用的思路有两种。第一种思路是根据定义，将农民工市民化分为经济、制度、社会、政策、心理等多个方面建立指标体系，衡量农民工在各个指标上与"市民化"水平的差距，最后综合农民工在所有指标上的表现得到农民工市民化进程的测算结果。例如王桂新等（2008）从居住条件、经济生活、社会关系、政治参与和心理认同等5个维度构建指标体系进行的测算发现，上海市农民工市民化水平为54.0%，而其居住条件市民化程度已经达到61.5%。也有学者利用这一思路对出生于1980年以后的"新生代"农民工的市民化程度进行了测算。例如张斐（2011）建立了一个涉及经济、社会、心理三个层面的指标体系，对中国新生代农民工市民化进程进行测算的结果为45.0%，住房条件被包含在经济层面的指标中进行了测算；类似地，李荣彬等（2013）利用国家卫健委流动人口动态监测数据，建立了一个包括经济生活、居住条件、政治参与、社会关系、心理认同5个层面的多指标体系，采用简单加权平均的方法测算了新生代农民工市民化进程，测算结果为50.2%，居住条件的市民化程度为59.3%。

以上研究所采用的基本指标体系如表2-1所示。

表2-1　　　　　　农民工市民化进程指标法测度基本指标

一级指标	二级指标	三级指标
经济生活	职业状况	现从事职业类型
		就业状态
	经济生活	过去一个月平均每天工作小时数
		农民工收入与城市居民或城镇职工平均收入的比值
政治参与	政治活动	是否参与当地的社区选举和听证会
		是否参加工会和党团组织
	与政府交往	是否与本地政府打过交道

续表

一级指标	二级指标	三级指标
社会关系	人际关系	农民工个人及子女日常交往对象
		生活上遇到困难时的求助对象
	闲暇活动	是否参加当地的文体活动
心理认同	情感认同	是否打算长期在本地居住
		是否愿意与当地人交朋友
		是否喜欢现在居住的城市
	身份认同	是否认同自己是城里人
居住条件	住房条件	住房类型
		住所内生活设施和电器类型
	居住环境	住房环境满意度

注：本表格指标主要根据李荣彬等（2013）、王桂新等（2008）和张斐（2011）的基本研究指标整理得到。

测算农民工市民化程度的第二种思路是将农民工市民化分解为市民化意愿、市民化能力以及外部环境等三个层面建立指标体系进行综合测度。市民化意愿方面主要采用主观指标考察农民工是否有落户城市的主观意愿；市民化能力主要采用收入指标来衡量农民工实现市民化的经济实力；而外部环境主要采用影响农民工市民化的制度、法律等层面的指标。例如徐建玲（2008）将农民工市民化分解为外部制度因素、市民化意愿和市民化能力三个指标，构建了一个 C—D 函数，如公式（2-1）所示。

$$H = AI^{\alpha}C^{\beta}, A > 0, 0 \leq I \leq 1, 0 \leq C \leq 1 \qquad (2-1)$$

其中，H 表示农民工市民化进程；A 表示外部制度因素；I 表示市民化意愿；C 表示市民化能力；设定 $\alpha = \beta = 1/2$。

采用上述方法，徐建玲（2008）对武汉市样本进行的测算结果表明农民工市民化的程度为 55.4%。也有学者利用类似方法对新生代农民工市民化程度进行了测算：刘传江、程建林（2008）同样利用武汉市样本进行的研究发现，第一代农民工的市民化程度仅有31.3%，而第二代农民工的市民化程度为50.2%，远高于第一代农民工。上述研究的指标设计中均未明确考虑住房因素。

亦有学者将上述两种思路结合起来对农民工市民化进程进行了测算。例如鲁强、徐翔（2016）建立了一个包括农民工个人因素和外部制度因素的指标体系：农民工个人因素包含了市民化能力、市民化意愿和市民化承受三个层面，具体指标涵盖了经济、政治、社会、健康和心理等方面；外部制度因素涉及市民化制度、市民化法律和市民化环境三个层面的客观指标。他们利用这一指标体系建立了一个与公式（2-1）类似结构的柯布—道格拉斯函数模型，采用CGSS数据对中国农民工市民化进程的测算结果为50.2%。与早期的研究比较，该研究的指标体系较为全面，采用的样本也具有全国代表性，然而遗憾的是，对于住房方面的指标，该研究同样没有明确关注。

由上文的梳理和比较可以看出，从测算结果来讲，现有研究普遍认为我国农民工市民化的进程已经超过了50%，而在居住方面的市民化程度更是达到60%左右。但是上述两种方法存在一个共同的问题：农民工市民化程度测算的关键在于和城市居民的比较。因此，要在指标选取和设定上找准参照系，突出农民工现在的水平与"市民化"水平之间的差距。然而现有研究除在经济层面或者市民化能力层面采用的收入指标可以与城市居民进行客观的比较以外，其他层面的指标或者直接采用主观指标，或者比较的标准过于主观，并没有体现出与市民化水平的比较，也普遍缺乏一个客观科学的比较标准。尤其是关于住房方面的指标设计，现有研究主要涉及了住房类型、住房条件和居住环境三个方面的指标。其中，居住环境指标观察了被调查者对现在居住环境的主观满意程度；而关于住房类型和住房条件，现有研究多将自购房的被调查者的市民化水平设定为 1，租房赋值为 0.65 或 0.75，在单位和亲戚朋友家居住赋值为 0.50，而其他类型赋值为 0 或 0.25；类似地，住房条件指标中也根据被调查者住房中是否拥有电脑和空调、电冰箱和洗衣机、彩电以及其他等电器分别赋值为 0.75、0.50、0.25 和 0（王桂新等，2008；张斐，2011；李荣彬等，2013）。可见，上述指标的设计过于主观，缺乏一个明确的比较标准，没有或者很少体现出与城市居民平均水平的比较，因此，其研究结论也许并不能客观反映出农民工与普通市民在住房等方面的差距。

最近一些实证研究的测算思路在比较标准问题上有所改进。目前，北京、上海、广州、深圳等部分大城市陆续施行了居住证积分制度，根据年龄、学历、社保缴费等指标，只要农民工居住证积分达到政府规定的满分条件，就可以申请取得市民身份（即便暂未取得市民身份，也可以获得与市民相同的基本公共服务权利）。利用这一制度设计，如果将农民工正式定居入户作为农民工市民化的实现，那么农民工居住证积分的实际水平与所在城市入户满分标准的差距，便可以很好地衡量农民工与市民身份之间的距离。采用这一思路，钱雪亚等（2017）利用中国家庭追踪调查数据（CFPS）对上海市农民工市民化程度进行的测算结果表明，上海市居住证积分满分为 120 分，而被调查农民工的平均积分为 32.6 分，从这个角度测算，其农民工市民化程度仅有 27.1%。可见，这种测算思路具有明确的比较标准，测算方法也较为科学严谨，其研究结论也更为可信。当然，需要指出的是，该思路仅适用于狭义的以入户为终点的市民化进程，对于广义的农民工市民化程度的测算并不适用。

从上文的分析可以看出，虽然当前大部分关于农民工市民化进程的测算研究认为中国农民工市民化的进程在50%左右，而住房方面的市民化程度更高，但是由于其指标设计过于主观，其结论也许很大程度上高估了农民工的市民化程度；而最近的研究从指标设计和比较标准方面有明显的改进，其测算结果却发现中国农民工市民化的程度仅有27.0%。可见，对于农民工市民化进程的测度问题，现有研究尚有不足，还需要更为客观和深入的实证探讨。

四　农民工市民化的影响因素与住房

从上文对市民化进程的测算结果我们可以看出，大部分研究认为中国目前的农民工市民化进程在50%左右，相当于仅完成了一半的市民化，因此有学者将其称为"半城市化"（杨永华，2010等）。那么，阻碍农民工市民化进程的主要因素是什么？现有研究主要从制度保障、人力资本、社会资本、物质资本、心理资本等五个方面展开。

第一个方面从制度保障视角出发，强调户籍、就业、教育、社会保障等城乡二元制度结构对农民工市民化的决定性作用（邓曲恒和古斯塔夫森，2007；蔡昉，2010；黄锟，2011；刘军辉和张古，2016）；第二个方面从人力资本视角出发，突出农民工自身素质和能力对农民工市民化的影响（陈昭玖和胡雯，2016；黄进，2016；章程，2018）；第三个方面从社会资本视角出发，关注社会关系和组织网络对农民工市民化的深刻影响（叶静怡和周晔馨，2010；王竹林，2010；宁光杰和孔艳芳，2017）；第四个方面从物质资本视角出发，强调收入水平、就业质量等因素对农民工市民化的影响（张斐，2011；吴祖泉等，2015；谢东虹，2016）；第五个方面从心理资本视角出发，突出农民工的心理感受和心理状态对农民工市民化意愿的影响（钱文荣和李宝值，2013；胡军辉，2015；龚紫钰，2017）。

关于住房因素对农民工市民化的影响问题，现有研究多将住房问题看作物质资本的一个方面，探索了住房对农民工市民化的影响：王玉君（2013）的研究表明，租住或购买商品房会增强农民工定居城市的意愿；类似地，韩俊强（2013）发现租房和拥有住房的农民工完全融入城市的概率更大，而人均住房面积的提高会增加农民工融入城市的概率；薛艳（2016）对流动人口的研究也发现，拥有自有住房的流动人口融入城市的程度更高。然而，住房问题除了直接构成农民工市民化物质资本的一个方面以外，还会从人力资本、社会资本以及心理状态等方面对农民工市民化和城市融入产生影响，例如郑思齐和曹洋（2009）的研究简单探讨了居住环境通过对人力资本积累和社会资本质量等方面的影响而对农民工的社会融合产生了制约；赵晔琴和梁翠玲（2014）则从心理层面，探讨了住房对农民工阶层认同的影响，其研究发现，拥有住房和住房消费越多的农民工对阶层地位的认同度越高。

可见，在农民工市民化的诸多影响因素中，住房对农民工市民化的制约是不容忽视的，而这一影响和制约不仅体现在物质资本层面，也可能体现在人力资本、社会资本和心理资本等诸多方面，表现为住房状况通过影响就业、健康、子女教育、人际交往、归属感和幸福感等来对农民工市民化产生间接影响。然而遗憾的是，当前涉及住房对农民工市民化影响的相关研究往往将住房视作农民工财富积累和经济实力的标志来进行控制，并未对住房和居住条件因素进行重点的关注，也少有研究考察住房是通过什么样的传导机制来影响农民工决策的。如图 2－1 所示，作为一种重要的物质资本，住房因素会直接对农民工市民化产生影响，同时，住房和居住条件也可能通过对农民工人力资本、社会资本、心理资本的影响而间接作用于农民工市民化过程。当前我国相关研究中直接层面的研究较多，而对间接作用的探索依然较少，这方面实证层面的深入研究尤其匮乏。

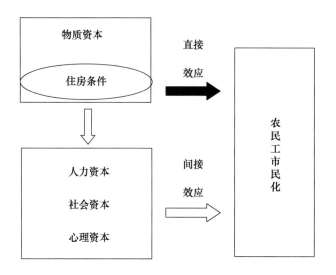

图 2 - 1　住房影响农民工市民化的机制

五　农民工市民化总成本和住房成本的估算

使一个农民工成功实现"市民化"的成本有多大？近年来关于该问题的讨论与测算相当丰富，主要涉及个人成本、公共成本和企业成本三个方面（主要的成本构成如表 2 - 2 所示）。估算个人成本的基本思路是从私人要负担的城市生活成本、医疗成本、教育成本、住房成本等角度选取指标进行考察；对公共成本的测算主要考察城市基础设施、基础教育、公共医疗、公共住房、社会保障等支出中政府所应负担的部分；对企业成本的测算一般从企业应负担的职工"五险一金"等社会保险费用角度进行考察。对上述三种成本的加总就构成了农民工市民化的总成本。

表 2 - 2　　　　　　　　　　农民工市民化成本的构成

	成本分类	承担主体	成本构成
农民工市民化总成本	个人成本	私人	个人在城市的生活成本、医疗成本、教育成本、住房成本、社保成本等等
	公共成本	政府	城市基础设施、基础教育、公共医疗、公共住房、社会保障等支出中政府所应负担的部分
	企业成本	企业	养老保险、医疗保险、失业保险、工伤保险、生育保险和住房公积金中企业应负担的部分

注：本表格根据现有农民工市民化成本估算文献整理得到。

农民工市民化能带来明显的经济增长效应，有研究发现，每年多市民化 1000 万人可以促使 GDP 增长速度提高约 1.0%；同时，农民工市民化也会在经济结构优化、居民消费和固定资产投资等多方面对中国经济产生积极意义（国务院发展研究中心课题组，2010）。作为农民工市民化的重要受益者，政府应该分担其主要成本（刘洪银，2013），因此早期的研究多将农民工市民化成本等同于公共成本，而现在的大多数研究也将公共成本的估算作为研究的重点。例如，建设部调研组（2006）的早期测算表明，特大城市每增加一个城市人口会使公共设施投入增加 10 万元，而大城市、中等城市和小城市的投入增加分别为每人 6 万元、3 万元和 2 万元；国务院发展研究中心课题组（2011）在重庆、郑州、武汉、嘉兴等四个城市进行的测算结果表明：上述四个城市每个农民工市民化的公共成本均在 8 万元左右。亦有研究从宏观财政预算角度出发，测算了农民工市民化的成本：例如刘洪银（2013）的测算发现，政府承担的市民化成本占本省财政一般预算支出的平均比例为 2.7%；魏义方和顾严（2017）研究发现，实现"2014—2020 年进城落户一亿人"目标的财政成本仅相当于全国财政收入的 0.7%，平均到每个农民工身上，农民工市民化的人均财政成本为 6800 元。

随着对农民工市民化认识的加深，学者们开始将农民工市民化成本划分为公共成本和个人成本两个部分进行考察。例如张国胜（2009）从私人发展成本和公共发展成本角度对农民工市民化的成本进行的测算发现：东部沿海地区农民工市民化的人均成本约为 9 万—10 万元，内陆地区的农民工市民化成本约为 5 万—6 万元。而最近的研究多倾向于从公共成本、个人成本和企业成本三个角度进行综合测算。例如，张欣炜和宁越敏（2018）的测算结果表明：山东省淄博市农民工市民化的一次性公共成本约为每人 4.3 万元；而个人成本和企业成本分别为每人每年 2 万元和 1.7 万元。顾东东等（2018）对河南省三个中小城市的测算结果发现农民工市民化每人每年的总成本为4.1 万元到 6.3 万元，与张欣炜和宁越敏（2018）的测算结果差距不大。而廖茂林和杜亭亭（2018）利用广东省数据进行的测算结果则远高于前两者的研究，他们发现广东省每年农民工市民化成本为人均37.1 万元。

从上文的梳理可以看出，现有研究对农民工市民化成本的测算结果表现出相当大的差异。由于中国快速的经济增长和较大的区域差异，造成测算结果差异的原因有可能来自于测算地区和测算时间的不同。因此，近年来开始有一些学者将不同地区纳入同一测算框架，考察了农民工市民化的地区差异。例如，李小敏等（2016）对全国 31个省级区域的农民工市民化成本的测算发现：经济越发达的地区其农民工市民化的总成本越高，东部地区平均个人成本高于其他地区，是全国平均水平的 1.4 倍，西部地区的公共成本高于其他地区，是全国平均水平的 1.3 倍；类似地，张俊和肖传友（2018）对全国 46 个不同行政等级的大中城市农民工市民化公共成本的测算结果表明：城市行政等级越高，农民工市民化需要的政府公共投入就越大。除了横向的区域比较以外，亦有学者对不同时期农民工市民化的成本进行了纵向比较。例如李永乐和代安源（2017）利用时间序列数据考察了农民工市民化成本的变迁，研究发现：从2005年到2014年，南京市农民工市民化的人均成本从约6万元增长到约17.6万元，增长了近2倍，年均增长率约为20%。

关于农民工市民化过程中的住房成本，有不少研究涉及了住房成本占农民工市民化成本的比例测算。根据成本的承担主体不同，当前研究一般将农民工市民化的住房成本分为两个方面，一方面是应该由政府承担的公共住房成本，主要指政府在住房保障方面的支出；另一方面是应该由个人负担的个人住房成本，主要指个人或家庭在住房和居民方面的支出。与市民化总成本的相关测算结果一样，现有研究对公共住房成本和个人住房成本的测算结果少则人均几百元，多则人均几十万元，也呈现出了非常大的差异。但是整体而言，多数研究发现住房成本约占农民工市民化总成本的一半。例如张国胜（2009）的研究发现东部沿海地区第一代和第二代农民工住房支出占市民化总支出的比例分别为48.4%和54.8%，内陆城市第一代和第二代农民工的相应比例为53.9%和61.9%；李俭国和张鹏（2015）的研究也发现内陆地区农民工住房成本占市民化总成本的比例（48.8%）要高于沿海地区（45.5%），但整体差别并不大，比例均在50%左右；类似地，张继良和马洪福（2015）的测算结果为49.6%。但是，也有一些研究的测算结果超过70%，例如廖茂林和杜亭亭（2018）以广州市为样本的测算结果为83.4%；李永乐和代安源（2017）以南京市为样本的测算结果为73.1%。可见，虽然当前的部分测算结果有可能在一定程度上高估了住房成本占市民化成本的比例，但是整体而言，我们无法否认，住房成本是农民工市民化成本中最大的成本之一，住房也已成为当前推进农民工市民化进程的主要障碍。

通过对现有研究的分析和比较我们发现，当前关于农民工市民化住房成本的测算结果呈现出明显差异的原因固然有可能来自于测算地区和测算时间的不同，然而更大程度上的原因则来自于现有研究在"住者有所居"和"居者有其屋"理念上的关键分歧：符合农民工市民化要求的住房，究竟是仅仅满足于改善农民工现有的城市居住条件，还是帮助农民工取得有住房产权的城市住房？以满足居住条件改善为目标的"住者有所居"，和以获得住房产权为目标的"居者有其屋"所测算出的住房成本自然会呈现出明显的差异。那么，农民工实现市民化是否一定要求获得产权住房？笔者认为，假设所有农民工都通过获得住房产权来实现住房方面的市民化是不现实的，这会明显地高估市民化成本，而假设所有农民工都通过租房实现市民化，又可能低估市民化成本。可见，如何在"住者有所居"和"居者有其屋"之间找到一个平衡是消除市民化住房成本测算方面的巨大分歧的关键，而笔者认为，符合农民工市民化要求的住房不应该局限于租房还是买房的争论，而是应该使得农民工能够在城市获得持久稳定的住房和居住环境，而持久稳定住房的获得形式不一定是取得住房产权，也可以通过其他形式（例如长期租房合约或者部分产权）取得长期稳定的居住权。

第二节　住房政策与农民工市民化

从前文关于农民工市民化的相关研究及住房因素在其中发挥的作

用的探讨可见，住房问题已经成为阻碍农民工市民化的主要障碍之一。因此，政府有必要通过一定的住房政策来消除横亘在农民工市民化进程中的住房阻碍。然而遗憾的是，从西方国家的发展经验来看，要消除农民工市民化住房障碍绝非易事。下面我们首先从西方国家有关移民和贫困人口城市融合住房政策的发展经验入手，[①] 探讨住房政策对农民工市民化的可能影响。

一　西方国家住房政策与城市融入的争论

由于经济、制度等多方面的弱势地位，新移民进入城市时极易被城市其他群体排斥，从而加剧城市的居住分异现象，导致社会隔离，而广泛存在于城市的贫民窟便是社会隔离的突出体现，因此有学者断言，"住房并不创造社会排斥，只是表达社会排斥"（Peter，1998）。为了消除隔离，西方国家采取了多种消除贫民窟，促进社会融合的措施，比较典型的有救济型的美国模式、福利型的德国模式和公共组屋型的新加坡模式等（张国胜，2007）。这些措施对于帮助城市移民和贫困人口改善居住环境起到了较大作用。然而，关于住房政策能否减少社会隔离、帮助贫困人口和移民融入城市的问题，却引发了长期的争论。西方国家的城市住房政策真的起到了促进社会融合的效果吗？有学者对此提出了相当尖锐的质疑：雅各布斯（2005）将美国数十年旨在消除贫民窟的住房政策称为"一种一厢情愿的神话"，他认为这些政策最多是把贫民窟从一个地方转移到了另一个地方；同时，很多学者指出，政府的公共住房项目一方面会导致贫困人口在地理上的直

---

① 前文已述，"农民工"是一个与中国户籍制度紧密相连的概念，西方国家很少有类似的提法，与"农民工市民化"最接近的理论主要涉及西方移民城市融合、城市贫困人口聚集的消除、城市居住空间分异等理论。

接聚集；而另一方面也会对周边区域产生间接的"溢出效应"，引发周边房产贬值、犯罪率上升、白人逃离，进而导致该区域的贫困率上升（Goldstein 和 Yancey，1986①；Freeman 和 Botein，2002）。有不少实证研究结论支持了这一批评：西方国家为低收入家庭建造的公共住房导致了周边地区贫困率上升，加剧了社会隔离（Massey 和 Kanaiau-puni，1993；Holloway 等，1998）。然而，近年来亦有一些实证研究否定了上述结论，他们发现，公共住房并没有引起贫困的聚集和社会的隔离，有证据表明，美国的公共住房政策减少了高贫困率社区的贫困率（Freeman，2003；Ellen 等，2016）。尤其是对一些住房专项的效果评估进一步证实了其对社会融合的积极意义。例如，美国从 1994 年起在洛杉矶、纽约、波士顿等五个城市发起的旨在促进社会融合的著名的 MTO（Moving To Opportunity）住房项目。大多数对此项目实施效果进行的实证研究表明：从短期来看，该项目能在社区治安、未成年子女教育、健康状况、减少犯罪、工作参与等方面对受助家庭有积极的影响；而从长期来看，该项目的租房补贴增加了贫穷家庭流动到低贫困率社区的意愿，减少了由于贫困人口聚集而导致贫民窟大量形成的可能性，从而促进了社会融合（Katz 等，2001；Kling 等，2005；Sanbonmatsu 等，2011；Ludwig 等，2013；Chetty 等，2016）。

二 住房政策与中国农民工市民化

根据董昕（2013a）等学者的研究，改革开放以后针对农民工的住房政策发展大致可以分为三个阶段。第一个阶段为 1978—1997 年

---

① Goldstein R. and Yancey L. W. , "Public Housing Projects, Blacks, and Public Policy: The Historical Ecology of Public Housing in Philadelphia", in Goering J. and Hill C. , eds. , *Housing Deseg-regation and Federal Policy*, University of North Carolina Press, 1986.

左右，被称为农民工住房政策的空白期。在这一阶段，"离土不离乡"的农民工在城里工作的同时回乡居住，而"离土又离乡"的农民工基本由用工单位"包吃包住"，租房居住的农民工比例仅有10%—20%（董昕，2013a）。由于该阶段正处于中国城市住房由传统的福利分配向市场配置的过渡时期，城市住房成本不高，农民工住房问题并不突出，因此该阶段涉及农民工的住房政策很少。第二个阶段为1998—2006年前后，该阶段农民工住房问题不断积累，而相关住房政策较少。随着中国城市住房市场化改革的快速推进，住房成本不断上涨，用工单位"包吃包住"的比例大幅下降，农民工租房居住的比例大幅提高。为节约租房成本，大量农民工不得不聚集在条件恶劣的城乡接合部和"城中村"，这一时期针对农民工的住房政策依然较少。"住房本身并不制造社会排斥，但是与住房有关的制度却制造社会排斥"，李斌（2002）指出，前两个阶段中的住房市场化改革所涉及的六个方面（住房公积金、买房给优惠、提租补贴、经济适用房、住房货币化补贴和廉租房政策）均将农民工排除在了城市住房福利分配体系之外，这一时期的住房政策体现出了对农民工群体的排斥性。

第三个阶段为2006年至今，该阶段针对农民工和流动人口住房问题的政策陆续出台。从2006年开始至今，中央多次提出要采取多种方式改善农民工居住条件，各地方政府也推出了多项政策，例如将农民工纳入住房公积金覆盖范围，"城中村"改造、农民工公寓建设，将农民工纳入公共租赁住房保障体系，商品房配建保障性住房，农民工积分落户制度，城乡用地制度改革等。有学者对这一时期住房政策的影响进行了讨论：郑思齐等（2011）建立的理论分析框架发现，政府改善"城中村"的住房政策有利于促进农民工社会融合；董昕（2013b）和藏波与吕萍（2014）对北京、上海、广州、天津、重庆、长沙、湖州等地区的农民工住房政策进行了比较和评价，认为部分政策具有推广意义，但大部分成功的经验存在不可复制性；同时，由于缺乏长期目标以及土地政策、住房保障方式和资金来源等诸多限制，当前针对农民工的住房政策尚处于探索层面。与西方国家特定时期的争论一样，也有不少研究指出了这一时期中国住房保障政策的负面作用：由于空间选址、制度设计和分配管理机制等多方面的原因，旨在改善农民工和城市贫困人口的保障性住房政策加剧了城市的居住分异和社会隔离（郑思齐和张英杰，2010；方永恒和张瑞，2013；徐苗和马雪雯，2015 等）。

从上文的梳理我们可以看出，我国关于农民工的城市住房政策经历了从政策上的排斥到接纳再到大力扶持的转变过程，在中央政策的推动和全社会对农民工问题的关注下，农民工城市住房条件有了明显的改善。然而，当前中国也出现了与西方国家在发展过程中遇到的类似问题，因此，我们要善于借鉴西方发达国家的发展经验，吸取其教训，避免陷入社会隔离的困境。以美国为代表的西方国家为了消除贫困人口聚集，促进社会融合做出了长期的努力，取得了一定的效果，但是也存在不少争论。而且，虽然经过数十年住房政策的实践，但是西方国家的城市贫困人口聚集和社会隔离现象并没有完全消除，各种变相的"贫民窟"依然广泛存在。西方国家旨在消除社会隔离、促进社会融合的曲折的发展实践至少可以给中国的农民工市民化政策两方面的启示：一方面，我们需要认识到农民工市民化过程的长期性和艰巨性。实现农民工市民化绝非易事，不可能一蹴而就，相关政策要考虑长远，设立一个长期的目标规划，切忌急功近利。另一方面，虽然西方国家促进社会融合的进程相当曲折，但这绝不意味着中国实现农民工完全的市民化是不可能的。实际上，与以美国为代表的西方世界相比，中国实现农民工住房方面的市民化至少有三点优势：第一，中国住房市场的发展尚不完善，富人排斥和过滤穷人的住房过滤机制尚未有效建立；第二，中国并不存在严重的移民和种族隔离问题，文化习俗等方面的同根同源使得农民工融入城市更易于实现；第三，传统单位大院式的阶层混杂居住方式有良好的群众基础，为农民工市民化营造了自然的心理条件。未来我们关于农民工住房政策的设计，要善于利用这些优势。

第三节　结论与政策启示

本章我们从住房与住房政策的角度出发，对农民工市民化的相关经济学和社会学文献进行了梳理和评述。首先对近年来关于农民工市民化的相关研究进行全面的梳理，并对其中涉及的关于住房因素的观察进行了重点的讨论和分析；然后结合西方国家促进社会融合的住房政策在理论上的争论和在实践上面临的困境，梳理和探讨住房政策对中国农民工市民化的深刻影响，并对未来的住房政策方向和相关研究进行了一些展望。本章的研究发现，虽然目前关于农民工市民化的定义、市民化进程的分解和测算、市民化的影响因素、市民化的成本测算等方面的研究相当丰富，其中的一些领域和部分研究中也体现出了对住房问题的关注，但是，关于住房因素在农民工市民化进程中所发挥的作用的探索依然不够深入，至少在以下领域存在较大的改进空间。

第一，关于农民工市民化进程和住房市民化程度的测算。虽然当前大部分关于农民工市民化进程的测算研究认为中国农民工市民化的进程在50%左右，而住房方面的市民化程度已经达到了60%左右，但是由于当前大部分研究的指标设计过于主观，其结论在很大程度上高估了农民工的市民化程度。要对农民工市民化进程和住房市民化程度进行客观科学的测算，关键是要在指标选取和设定上找准参照系，突出农民工现在的水平与"市民化"水平之间的差距。

第二，关于住房因素对农民工市民化的影响。虽然当前研究分别从制度保障、物质资本、人力资本、社会资本和心理资本等诸多方面分析了农民工市民化的影响因素，但是当前涉及住房对农民工市民化影响的实证研究往往将住房视作农民工财富积累和经济实力的标志来进行控制，少有研究考察住房是通过什么样的传导机制来影响农民工决策的。事实上，作为一种重要的物质资本，在农民工市民化的诸多影响因素中，住房对农民工市民化的制约是不容忽视的，而这一影响和制约不仅体现在物质资本层面，也可能体现在人力资本、社会资本和心理资本等诸多方面，表现为住房状况通过影响就业、健康、子女教育、人际交往、归属感和幸福感等来对农民工市民化产生间接影响。当前相关研究中关于住房的物质资本方面的研究较多，而对间接作用的探索依然较少，这方面实证层面的深入研究尤其匮乏。

第三，关于农民工市民化的总成本和住房成本的测算。当前的大多数研究表明，住房成本占农民工市民化总成本的比例已达到50%或者更高；然而不同研究关于农民工市民化总成本和住房成本的实际测算却出现了明显的测算差异，其原因固然有可能来自于测算地区和测算时间的不同，然而更大程度上的原因则来自于现有研究在"住者有所居"和"居者有其屋"理念上的关键分歧，以满足居住条件改善为目标的"住者有所居"和以获得住房产权为目标的"居者有其屋"所测算出的住房成本自然会呈现出相当大的差异。假设所有农民工都通过获得住房产权来实现住房方面的市民化会明显高估市民化成本，而假设所有农民工都通过租房实现市民化又可能低估市民化成本。要消除市民化住房成本测算方面的巨大分歧，关键是如何在"住者有所居"和"居者有其屋"之间找到一个平衡，而这一平衡不应该局限于租房还是买房的争论，而应该以农民工是否能够在城市获得持久稳定的住房和居住环境为标准。

可见，当前推进农民工市民化的关键问题就是妥善解决农民工城市住房问题，让农民工真正实现住房方面的市民化。而当前关于农民工城市住房问题的研究，实际上包含两个层次，第一层是将农民工视作一个整体，分析其居住条件的改善；第二层是"农民工市民化要求的住房问题"，即如何帮助具有较强市民化意愿和能力的农民工获得城市持久性住房的问题。当前关于农民工住房的大量研究仅仅关注农民工临时住房条件的改善，往往忽视了附着在住房之上的政策性问题和住房产权问题，同时对满足市民化要求的持久性城市住房的获取问题的研究也相当匮乏。有恒产者有恒心，农民工市民化所要求的持久稳定的住房并非一定是取得住房产权，尤其是在城市房价高企、农民工收入水平普遍较低的情况下，指望大多数农民工通过购买商品房跨过市民化的门槛是不现实的，未来农民工住房政策的目标应该是充分考虑地区差异和农民工社会分层，因城施策，着力培育一个租售并举、健全完备的农民工住房市场，消除政策性壁垒，帮助农民工获得城市持久性的住房，给农民工一个长期稳定的定居预期。唯有消除了横亘在农民工面前的巨大的住房壁垒，才能使更多农民工做出定居城市的决策并顺利融入城市生活，我国的农民工市民化才有望向更深入的层次迈进。

回顾改革开放以来中国城市住房政策的变迁，关于农民工的住房政策经历了从政策上的排斥到接纳再到大力扶持的转变过程，在中央政策的推动和全社会对农民工问题的关注下，农民工城市住房条件有了明显的改善，然而要使得农民工成功跨越住房障碍，实现真正意义上的市民化依然任重而道远。而西方国家旨在消除社会隔离、促进社会融合的曲折的发展实践至少可以给中国的农民工市民化政策两方面的启示：一方面，我们需要认识到农民工市民化过程的长期性和艰巨性。实现农民工市民化绝非易事，不可能一蹴而就，相关政策要考虑长远，设立一个长期的目标规划，切忌急功近利。另一方面，虽然西方国家促进社会融合的进程相当曲折，但是我们同样要对中国的农民工市民化进程抱有信心，由于特殊的发展轨迹，中国在住房过滤机制、文化习俗和传统居住方式方面有着很多西方国家无法比拟的优势，更有利于实现农业转移人口的市民化，尤其是实现在居住方面的城市融合。可见，未来中国的农民工市民化政策设计要善于借鉴西方发达国家的发展经验，吸取其教训，同时也要扬长避短，善于发挥中国特殊的国情优势。

第三章　市民化的住房障碍：房价对农民工市民化意愿的影响及其机制

　　进入 21 世纪以来，中国城镇化率经历了非常快速的增长，平均每年有大约 2000 万人从农村进入城市。虽然近年来大部分城市户籍制度有所放松，城市公共服务的对象也有一定程度的放宽，但是抱有土地增值预期的农民工并不愿意在中小城市落户，而具有吸引力的特大城市户籍依然有较高的门槛，因此目前学界多认为"常住化城镇化"是未来推进城镇化的优选之路（张翼，2011）。然而，流入城市并不一定代表"定居城市"，由于大多数迁移劳动力并不打算在迁入地长期定居（Wang，1999），这使得中国的农业人口迁移表现出与西方国家最大的区别：既有流入又有回流（李斌，2008）。2017 年国家卫健委流动人口动态监测数据也显示，农民工样本中仅有 25.8% 的受访者表示愿意在城市长期定居。为什么大部分农民工没有长期定居城市的意愿？现有研究从工资水平、就业、住房、教育水平、人口密度、与流出地的距离、公共服务和税收、产业结构、方言距离等方面解释了人口从农村流入城市、从小城市流入大城市的原因。然而还有一个重要的问题有待回答：是什么因素造成了大量农民工在城市工作却不打算长期定居？引入住房市场因素的新经济地理学模型认为

（Helpman，1998），房价的上涨会阻碍劳动力流动，早期的大量实证研究证实了这一结论；然而也有研究发现，中国近年来不断上涨的房价并没有抑制外来人口的持续流入（范剑勇等，2015）。那么，房价是否会影响到流动人口，尤其是农民工的定居意愿？房价对农民工和城—城流动人口的定居意愿影响是否会有所不同？

　　本章以农民工为研究对象，选取全国 331 个地级行政区域①的宏观房价数据和 2017 年流动人口动态监测微观数据，并以土地供应数据为工具变量，探索房价对农民工定居意愿的影响，并与城—城流动人口进行了对比。本章研究可能的边际贡献有以下三个方面：第一，近年来有不少研究涉及了中国不断高企的房价对劳动力流动的影响，重点解释了为什么中国近年来高企的房价并没有阻碍劳动力的大量流入，然而流入并不等于定居，为什么大部分农民工没有长期定居城市的意愿？本章关于房价对市民化意愿的研究在一定程度上对此问题进行了回答；第二，关于房价影响流动人口的传导机制，已有一些研究对财富效应和生活成本效应进行了验证，本章对房价影响流动人口市民化意愿的机制进行了深入的探索，尤其是对于稳定预期效应的验证，有望丰富现有研究对于这一传导机制的理解；第三，现有相关研究多关注流动人口这一整体，忽略了房价对流动人口的异质性影响，本章将流动人口明确区分为乡—城流动和城—城流动人口，发现两者的定居意愿对房价的上涨存在明显不同的反应，并进一步验证和分析了造成这种异质性的原因，其发现也具有较为明确的政策启示。

---

　　①　331 个地级行政区域含 288 个地级市、30 个自治州、6 个地区，也包括 4 个直辖市。

第一节　房价与人口流动相关文献综述

近年来中国城镇化的快速推进吸引了大量流动人口从农村流入城市、从小城镇流入大城市，劳动力的流动和定居问题也成为当今学界研究的热点问题。为什么劳动力会从农村向城市流动和定居？早在半个世纪以前，学者们就尝试对此进行刻画和解释：刘易斯二元经济结构模型和费—拉模型以城乡工资收入差距来解释劳动力的迁移（Lewis，1954；Fei 和 Ranis，1961）；乔根森模型从人口内生和消费结构角度解释了劳动力转移的动因（Jorgenson，1961）；而托达罗模型则利用城乡预期收入差距来解释农村劳动力向城市的迁移过程（Todaro，1969）；推拉理论将影响劳动力流动的因素归纳为迁出地的推力和迁入地的拉力，人口的流动则是由两种力量的合力所决定（Bagne，1969）。根据这些早期的理论模型，大量研究对影响劳动力流动的因素进行了实证探索。学者们发现，劳动力的流动受到流入地工资水平、就业机会、平均受教育水平、户籍制度、人口密度、迁移距离、公共服务、政府税收、产业结构和方言距离等多方面因素的影响（Quigley，1985；Rapaport，1997；Bayoh 等，2006；Michaelides，2011；孙文凯等，2011；Dahlberg 等，2012；梁琦等，2013；夏怡然和陆铭，2015；刘毓芸等，2015 等）。

"安居"才能"乐业"，作为城市生活必不可少的物质条件，住房也是影响劳动力流动和定居的关键因素之一。从 20 世纪末开始，房价对劳动力流动的影响开始引起西方学者的广泛关注。以新经济地理学模型（Krugman，1991）为基础，Helpman（1998）首次将住房因素引入模型，指出某区域房价的上涨会增加劳动者的居住成本，降低其相对效用，从而对劳动力向该地区的流动和集聚产生抑制作用①。随后，大量经验研究对上述理论分析进行了验证（Cameron 和 Muellbauer，2001；Hanson，2005；Rabe 和 Taylor，2012；Plantinga 等，2013）。大部分研究证实了较高的房价会抑制劳动力的流入，然而也有一些研究指出，房价上涨会产生套利的预期从而吸引劳动力流入（Dohmen，2005；Meen 和 Nygaard，2010）。

伴随着近年来中国大中城市房价的不断高企，中国城市的房价上涨对劳动力流动的影响近年来也有一些研究涉及。高波等（2012）利用35个大中城市的数据对中国区域房价差异、劳动力流动与产业升级问题进行的研究发现，城市之间相对房价的上升会对劳动力和低端产业产生挤出效应，引发产业转移和低端产业向价值链高端攀升，最终导致产业升级。邵朝对等（2016）的研究也发现了类似的影响：由于劳动力流动和行业间工作转换成本的存在，房价通过扩散机制对低端劳动者产生了强力的挤压，从而引发产业由低端行业向高端行业集聚。范剑勇等（2015）从新增常住人口居住模式选择的角度解释了中国城市房价的持续上涨并没有抑制劳动力流入城市的原因：他们发现，新增常住人口的居住模式以厂商集体宿舍和"城中村"等非普通商品房为主，节约了居住成本，减缓了工资水平上涨的压力，降低了城镇化的劳动力成本。夏怡然和陆铭（2015）在考察地级市公共服务水平对劳动力流向的影响时控制了房价因素，其研究发现，外来劳动力更多流向了房价较高的城市，他们认为原因是房价"资本化"了一部分未观测到的公共服务和城市特征，由此产生的对外来人口的吸引力大于房价作为生活成本对外来人口的排斥力。上述研究中涉及的房

---

① Helpman E., "The Size of Regions", in Pines D., et al., eds., *Topics in Public Economics*, London：Cambridge University Press, 1998.

价对劳动力流动的影响只是其研究目标中的中间或者控制变量，因此并没有对两者关系进行系统和深入的探讨。

与本章研究更为接近的是张莉等（2017）关于房价如何影响劳动力流动的研究，该文利用中国劳动力动态调查数据与250个地级市房价数据相匹配，发现房价对劳动力流动存在明显的倒"U"形影响；同时作者还发现，除部分一线城市外，目前大部分城市的房价表现出对劳动力的拉力。此外，还有研究探索了中国住房政策对流动人口定居意愿的影响，例如汪润泉和刘一伟（2017）的研究发现，住房公积金制度增加了流动人口的城市定居意愿与购房意愿，该文同时考察了住房公积金对城镇和农村户籍流动人口的异质性影响发现：对农民工而言，住房公积金制度提高了农民工的城市市民化意愿，但无法提高其购房意愿。该文对流动人口的异质性进行了较为充分的考虑，但是住房公积金制度与定居行为很可能存在相互影响，引起明显的反向因果问题，该文并没有对由此可能导致的内生性问题进行控制。

现有研究从多个角度取得了相当丰富的成果，然而就房价与人口流动问题而言，当前研究至少可以在以下三个方面有所发展：第一，不少研究涉及了房价对劳动力流动的影响，解释了中国近年来高企的房价没有阻碍劳动力流入的原因，然而流入并不等于定居，当前关于房价与流动人口定居的研究还相当有限；第二，现有相关研究多关注流动人口这一整体，或者以农民工样本代表所有流动人口，忽略了房价对流动人口的异质性影响；第三，当前虽有一些研究对房价影响人口流动和市民化的传导机制进行过理论探讨，但是相关方面的实证验证较少。

有鉴于此，本章将流动人口明确区分为乡—城流动和城—城流动人口，并以乡—城流动人口为研究重点，探索房价对农民工定居意愿的影响并对其发生影响的传导机制进行验证；同时，为了探索房价对流动人口市民化意愿的异质性影响，我们利用传导机制，对乡—城与城—城流动人口进行了广泛比较，并对造成异质性的原因进行了较为深入的讨论。

第二节　理论分析：房价影响定居意愿的机制

房价是通过怎样的机制影响人口流动的？传统观点认为高房价会抑制外来人口的流入，其逻辑是房价的上涨会推高劳动者在城市生活的成本，降低其效用水平，从而阻碍了劳动者向高房价地区的流动和聚集。近年来以中国为样本的大部分相关研究也是根据这一机制来对研究进行设计的。例如，高波等（2012）指出，在地区间相对工资、交通成本等一定的条件下，房价升高，意味着居民的生活成本上升，降低了消费者的效用，从而减少了劳动力流入；陆铭等（2015）认为中国东部地区房价的快速上涨推动了生活成本的上升，并进一步阻碍了劳动力流动。也有一些学者在承认房价上涨会提高生活成本，从而产生对外来人口的排斥力的同时，指出房价的上涨也可能对人口流动产生吸引力，如张莉等（2017）指出，由于流动人口对预期未来收入的不确定性，房价作为备择城市的城市特征信号降低了这种不确定性，因此这一机制会对外来人口产生流向城市的拉力。

具体到本章的研究目标，房价通过怎样的机制影响流动人口尤其是农民工的市民化意愿？根据现有的理论和实证研究，我们提出房价影响定居意愿的三个方面的传导机制。

第一，生活成本效应。根据住房要素将日常生活成本分为居住成本和其他日常生活成本两类，居住成本既包括房租和房贷等直接用于居住的花费，也包括间接居住成本，主要指为了买房而产生的储蓄行为；其他生活成本是指除了住房以外的其他衣、食、行等日常生活支出。显然，房价的上涨一方面会提升外来人口在城市的直接和间接居住成本（Chamon 和 Prasad，2010；陈斌开和杨汝岱，2013）；另一方面，房价上升会引起商品和服务的成本增加从而引起物价上涨，提高了家庭日常生活成本，抑制了居民的其他消费，降低了居民的效用水平（谢洁玉等，2012；张巍等，2018）。可见，房价上涨会增加外来人口的日常生活成本，也可能降低其生活水平，因此，预计房价上涨的生活成本效应会降低外来人口长期定居的意愿。

第二，财富效应。财富效应主要指房价上涨引起家庭住房价值的提高。财富效应又可以分为兑现的财富效应和未兑现的财富效应两类（黄静和屠梅曾，2009）。兑现的财富效应是指当房价上升引起家庭房产价值提高以后，如果家庭选择利用抵押贷款再融资或者出售房产等方式来兑现资本收益，必然会使家庭的消费增加（Huist 和 Stafford，2004）；未兑现的财富效应是指，当房价上升引起家庭房产升值，家庭并没有进行再融资或者出售房产，但是依然会感觉更加富有，从而扩大消费（Poterba，2000；Bostic 等，2009）。根据上述机制，对于在城市拥有住房的外来人口来说，财富效应可能是存在的[①]：房价的上涨会使拥有住房的流动人口家庭更富有，更有能力承担更高的消费，也更有意愿在城市长期定居。因此，预计房价上涨可能产生的财富效应会增加有房流动人口的长期定居意愿。

第三，稳定预期效应。稳定预期效应是指房价的上涨增强了流动人口对流入城市更好的发展前景、更多就业机会和更高收入的预期，

---

① 根据 2017 年流动人口动态监测数据，流动人口中自购商品房家庭的比例已有 21.4%。

从而对外来人口的流入和定居产生吸引。由于信息不对称，流动人口在做出定居决策时对城市未来收入和工作机会的预期是不确定的，而住房作为一项重要的资本品，其价格可以反映所在地区的预期投资收益，也能进一步反映出该地区未来的发展前景，因此，某地区房价的持续上涨可能会向外来人口释放一种该地区未来发展前景、工作机会和收入增长的积极信号，降低了其对未来前景的不确定性，起到了一种"信心效应"或者"间接的财富效应"（黄静和屠梅曾，2009；张莉等，2017）。因此，预计房价上涨会通过稳定预期效应增加外来人口的定居意愿。

第三节 数据选取与描述性统计

一 基准模型

为了研究房价对农民工市民化意愿的影响，参照现有研究的模型设定，我们用方程［见式（3 - 1）］来简单表示本章的基准模型。

$$\text{prob}(Y_i = 1) = \beta h_i + \gamma X_i + \chi C_i + \eta D_i + \varepsilon_i \qquad (3 - 1)$$

其中，被解释变量 Y_i 表示是否愿意在城市长期定居，为一个二值选择变量；h_i 是我们最关心的解释变量，代表所在地级行政区域的房价；X_i 为性别、年龄、民族、政治面貌、婚姻状况、健康状况、受教育年限、家庭月收入等一系列个人和家庭特征变量；C_i 为环境污染、人均 GDP、人口自然增长率等城市特征变量；D_i 为省区固定效应，我们建立各省级单位的虚拟变量来进行控制；ε_i 为随机扰动项，以表征不可观测变量的影响。

二 数据选取说明

本章利用流动人口微观数据与地级行政区域的房价、土地、经济增长、环境污染等宏观数据相匹配得到本章研究的数据库。本章所采用的流动人口微观数据来源于 2017 年中国流动人口动态监测调查（以下简称 CMDS）。CMDS 是目前全国最大的以流动人口为对象的抽样调查，由国家卫健委自 2009 年开始实施，范围覆盖 31 个省级区域和新疆生产建设兵团中流动人口较为集中的地区，每年样本量接近 20 万户，调查内容涉及流动人口及家庭成员的收入、就业、居住、基本公共卫生服务、子女流动和教育、心理文化等多个方面。与以往年份的调查数据相比，2017 年的调查中较为详细地包含了住房状况、居留意愿以及与定居相关的问题，有利于本章对流动人口的住房及定居问题进行研究，并对其机制进行探索。本章所采用的地级行政区域的房价、土地、经济增长、环境污染等宏观数据均来自相应年份的《中国城市统计年鉴》《中国区域经济统计年鉴》《中国国土资源统计年鉴》以及相应地区历年的统计年鉴和统计公报。经过匹配和数据清理之后，本章的数据库包含了全国 331 个地级行政区域 164153 个流动人口。

三　被解释变量和解释变量选取说明

被解释变量的选取。本章的主要被解释变量是市民化意愿变量。该变量来源于 CMDS 数据问卷调查中的问题："如果您打算留在本地，您预计将在本地留多久？"我们将回答"定居"的样本设定为 1，其他选项设定为 0。在本章稳健性检验中，我们还根据类似的问题考察了农民工的落户意愿。

核心解释变量的选取。本章的核心解释变量为房价变量，与现有研究类似，我们根据各地区商品房销售额与商品房销售面积的比值得到该地区每平方米商品房销售均价（单位万元）。我们分别选取了

2017 年全国 331 个地级行政区域和 31 个省级行政区域两个层级的房价数据，正文中我们采用地级行政区域层级的数据，省级层级数据用于稳健性检验。

其他解释变量的选取。根据现有研究并结合本章的数据特点，我们同时引入了三类控制变量：第一类为个人和家庭特征变量，分别选取了被访者性别、年龄和年龄平方、受教育年限和受教育年限平方、民族、中共党员、婚姻状况、家庭月收入、健康状况等变量；第二类为城市特征变量，选取所在地区的人均 GDP、环境污染程度、人口自然增长率等变量进行控制；第三类变量为地区固定效应变量，我们以各省区的虚拟变量来对此进行控制。

工具变量的选取。本章以上年人均土地出让面积和人均新增土地供应面积作为地级市住房价格的工具变量；在稳健性检验中，我们还借鉴张巍等（2018）的研究，利用 2003 年中国土地政策变化的外部冲击所导致的各城市土地供应量的变化构建了一个房价的工具变量，以验证本章模型的稳健性（见表 3-1）。

表 3-1　　　　　　　　　　主要变量说明及描述性统计

变量	说明	观测值	均值	标准差	最小值	最大值
市民化意愿	0—1 变量，长期定居 = 1，其他 = 0	164153	0.2944	0.4558	0	1
房价	城市宏观变量，房价 = 商品房销售额/商品房销售面积，单位万元/米²	164153	1.0279	0.7955	0.2586	4.79
性别	0—1 变量，男性 = 1，女性 = 0	164153	0.5158	0.4998	0	1
年龄	连续变量，单位 岁	164153	36.0559	10.1193	15	65
年龄平方	连续变量，单位 岁	164153	1404.052	797.0499	225	4225
受教育年限	连续变量，单位 年	164153	114.8708	69.1689	0	361

续表

变量	说明	观测值	均值	标准差	最小值	最大值
受教育年限平方	连续变量，单位 年	164153	10.1724	3.3754	0	19
民族	0—1 变量，汉族 = 1，其他 = 0	164153	0.9062	0.2915	0	1
中共党员	0—1 变量，中共党员 = 1，其他 = 0	164153	0.0476	0.2130	0	1
婚姻状况	0—1 变量，已婚、同居 = 1，其他 = 0	164153	0.8205	0.3838	0	1
家庭月收入	连续变量，ln（家庭月收入）	163719	8.6882	0.6003	2.9957	12.21
健康状况	0—1 变量，自评健康良好及以上 = 1，一般和不健康 = 0	164153	0.8310	0.3748	0	1
人均 GDP	城市特征变量，ln（人均 GDP）	152130	17.2140	1.4646	12.7643	19.54
环境污染程度	城市特征变量，城市年平均 PM2.5 浓度，单位 ug/m³	164153	44.8595	14.9804	14	116
人口自然增长率	城市特征变量，人口自然增长率，单位‰	164153	6.2378	5.1948	-10.97	36.06

第四节　实证分析：房价对农民工市民化意愿的影响

一　基准模型估计结果

为了研究房价对农民工市民化意愿的影响，我们以市民化意愿为被解释变量，以各城市房价为核心解释变量；同时选取性别、年龄和年龄平方、受教育年限和受教育年限平方、民族、中共党员、婚姻状况、家庭月收入、健康状况等个人和家庭特征变量，人均 GDP、环境污染程度、人口自然增长率等城市特征变量作为解释变量，并以省级地区虚拟变量的形式对固定效应进行控制。采用 Probit 方法对基准模型进行估计，从表 3 - 2 的模型估计结果可以看出：核心解释变量房价的边际效应系数显著为负，表明房价的上升会引起农民工市民化意愿的下降，房价上涨对市民化意愿的抑制作用是存在的。其他解释变量的估计结果也基本符合直觉：男性、汉族的被调查农民工的市民化意愿比女性和其他民族人口的市民化意愿要低；中共党员、已婚人士的市民化意愿要更高；个人受教育水平对市民化意愿的影响呈现出一定的"U"形变化趋势；家庭月收入越高，市民化意愿越高；环境污染越严重的城市，个体市民化意愿越低；而城市人均 GDP 越高、人口自然增长率越高，越会增强个体的市民化意愿。

表 3 - 2 　　　　　**基准模型：房价对农民工市民化意愿的影响**

变量	边际效应	稳健标准误	变量	边际效应	稳健标准误
房价	− 0.0185 ***	0.0035	中共党员	0.0260 ***	0.0067
性别	− 0.0436 ***	0.0025	婚姻状况	0.0733 ***	0.0042
年龄	0.00002	0.0009	家庭月收入	0.0640 ***	0.0024
年龄平方	0.00002 *	0.00001	健康状况	− 0.0005	0.0033
受教育年限	− 0.0163 ***	0.0014	人均 GDP	0.0063 ***	0.0016
受教育年限平方	0.0019 ***	0.00007	环境污染程度	− 0.0018 ***	0.00017
民族	− 0.0528 ***	0.0044	人口自然增长率	0.0025 ***	0.0004
样本量	118220		地区固定效应	控制	
Wald chi2	10900.02 *** （0.0000）		Log pseudo - likelihood	− 61002.09	

　　注：本表被解释变量为市民化意愿变量；***、**、* 分别表示估计值在 1% 、5% 和 10% 的置信水平上显著异于 0。

二　工具变量估计结果

上文回归结果表明房价上升会降低农民工的市民化意愿。然而，本章基准模型的回归结果有可能受到内生性问题的干扰。一个重要的原因可能在于，外来人口的流入和市民化决策也会对城市的住房价格产生影响，当很多人流入并选择市民化城市以后，该城市的房价会被推高（Tabuchi，1998；Jeanty 等，2010 等），这便会导致模型存在双向因果问题。另外，虽然我们的基准模型从个人特征、家庭特征、城市特征和省级地区固定效应角度引入了多个层面的控制变量，但是从理论上来讲，由于我们不可能穷尽所有影响市民化意愿的因素，由此产生的遗漏变量问题也可能导致模型存在内生性问题。

当前解决房价内生性问题较为成熟的办法是选取合适的工具变量进行 IV 估计。目前以中国为样本的房价研究，多利用中国政府土地供应划拨和出让制度的特点，选取与土地供应相关的变量作为工具变量，其逻辑是：一方面，由于土地是房地产市场的关键投入要素，土地供应的大小将直接对房价产生影响，土地供应越紧张，房价越高（陈斌开和杨汝岱，2013 等）；另一方面，中国长期以来对土地使用实行严格的用途管制和耕地保护制度，各城市每年的土地供应由中央和省级政府根据《土地利用年度计划管理办法》进行严格管制①，因此，土地供应往往被看作外生于其他城市特征的（陆铭等，2015 等）。利用这一思路，学者们多采用上一年的人均土地出让面积（陆铭等，2015）、住宅用地供给面积（张莉等，2017）、房屋竣工面积（葛玉好和张雪梅，2019）等类似变量作为房价的工具变量②；另外，也有研究利用 2003 年中国土地政策变化的外部冲击所引起的城市土地供应量的变化构建了房价的工具变量（Han 和 Lu，2017；张巍等，2018）。借鉴现有研究并结合本章的数据特点，我们按照陆铭等（2015）的思路，选取上一年的人均土地出让面积和人均新增土地供应面积作为房价的工具变量，同时采用张巍等（2018）利用中国土地

---

①　关于中国土地的划拨、出让、租赁和其他供应形式的详细介绍以及土地供应变量作为房价工具变量的合理性，陆铭等（2015）对此有相当细致的讨论。

②　需要指出的是，个别研究所采用的工具变量的外生性条件不一定是符合的。

政策变化所导致的城市土地供应量的增减，构建城市土地份额虚拟变量作为工具变量进行稳健性检验①。

利用上年人均土地出让面积和新增土地供应面积作为房价工具变量的模型估计结果如表3－3所示。从 ivprobit 两步法第一阶段模型的估计结果可以看到：模型采用的两个工具变量均与房价呈反比，表明人均土地出让和人均新增供应越充足，房价就越低，这符合预期。从第二阶段的估计结果可以看出，房价的系数估计值显著为负，这表明考虑了内生性问题以后，房价上涨对农民工市民化意愿的抑制作用依然是存在的；其他解释变量估计结果与基准模型同样没有实质性差异，这说明本章基准模型的设定是相当稳健的。另外，表3－3最后一行列出了弱工具变量和过度识别检验值作为参考，从统计量来看，本章工具变量的相关性和外生性条件均是满足的。

表3－3　　　　工具变量估计：房价对农民工市民化意愿的影响

变量	第一阶段		第二阶段	
	系数	稳健标准误	系数	稳健标准误
上年人均土地出让面积	－ 0. 0024 ***	0. 0004		
上年人均新增土地供应	－ 0. 0013 ***	0. 0002		
房价			－ 1. 3393 ***	0. 2853
性别	－ 0. 0003	0. 0022	－ 0. 1508 ***	0. 0090
年龄	－ 0. 0011	0. 0008	－ 0. 0011	0. 0033
年龄平方	0. 00002 *	9. 91E － 06	0. 0001 **	0. 00004
受教育年限	－ 0. 0031 **	0. 0012	－ 0. 0591 ***	0. 0051
受教育年限平方	0. 0004 ***	0. 00006	0. 0069 ***	0. 0003
民族	－ 0. 0090 **	0. 0040	－ 0. 1916 ***	0. 0168

① 该工具变量的构建思路在后文稳健性检验部分进行说明。

续表

变量	第一阶段		第二阶段	
	系数	稳健标准误	系数	稳健标准误
中共党员	− 0.0105 *	0.0061	0.0763 ***	0.0242
婚姻状况	− 0.0075 **	0.0035	0.2422 ***	0.0148
家庭月收入	0.0290 ***	0.0021	0.2573 ***	0.0118
健康状况	− 0.0079 ***	0.0030	− 0.0117	0.0123
人均 GDP	0.2142 ***	0.0013	0.3039 ***	0.0633
环境污染程度	− 0.0088 ***	0.0001	− 0.0169 ***	0.0024
人口自然增长率	0.0335 ***	0.0003	0.0505 ***	0.0095
地区固定效应	控制		控制	
样本量	118220		118220	
F/Wald 检验	9743.85 *** （0.0000）		9934.21 *** （0.0000）	
K-P wald F statistic	500.421	Hansen-J		0.211 （0.6462）

注：本表被解释变量为市民化意愿变量；工具变量为上年人均土地出让面积和人均新增土地供应面积，除特殊说明，后文所有工具变量估计均以上述变量作为工具变量；***、**、* 分别表示估计值在 1%、5% 和 10% 的置信水平上显著异于 0；由于 ivprobit 估计无法进行工具变量检验，本表中最后一行的弱工具变量和过度识别检验采用了 GMM 估计方法。

三　房价影响农民工市民化意愿的机制

上文我们分别利用基准模型和工具变量模型证实了房价对农民工市民化意愿的抑制作用。这一作用是通过什么机制发挥作用的？理论分析部分我们探讨了房价影响市民化意愿的三个机制：生活成本效应、财富效应和稳定预期效应，下面我们利用适当的实证模型来分别进行验证。

1. 生活成本效应

为了对房价上涨的生活成本效应进行验证，我们分别以住房支出、总支出、住房支出占总支出比例、住房支出占总收入比例以及总支出占总收入比例等作为被解释变量，以房价为核心解释变量，同时控制与基准模型相同的个人和家庭特征、城市特征和地区固定效应等变量进行的估计结果如表 3 - 4 所示。结果表明，房价上涨会显著增加农民工的生活成本：房价每上涨 1 万元，农民工家庭月住房支出增加约 114 元，月总支出增加约 188 元；同时，房价的上升也会增加住房支出占总支出和总收入比例，也增加了总支出占总收入的比例。对生活成本效应的估计结果说明，房价的上升不仅会使农民工家庭在住房等方面的绝对支出增加，也会增加其相对支出，更重要的是增加了农民工家庭日常生活支出占总收入的比例，从而提高了家庭的生活成本。

2. 财富效应

为了对财富效应进行验证，我们在以市民化意愿为被解释变量的模型中引入一个住房产权变量及其与房价的交叉项①，同时控制房价和基准模型中的所有解释变量，通过观察房价与住房产权变量的交叉项来对房价的财富效应进行验证，模型估计结果如表 3 - 5 第 2 列所示。从估计结果可以看出：房价与住房产权交叉项的边际效应系数显著为正，这表明在房价上涨时，有房农民工家庭的市民化意愿显著高于其他住房类型的家庭。显然，这一结果证实了房价会通过财富效应来增加有房农民工家庭的市民化意愿。

表 3 - 4　　　　　　　　　　　　生活成本效应

变量	住房支出	总支出	住房支出占总支出比例	住房支出占总收入比例	总支出占总收入比例
房价	113. 8568 *** （13. 4232）	187. 5779 *** （24. 136）	0. 0146 *** （0. 0015）	0. 0111 *** （0. 0013）	0. 0231 *** （0. 0051）

① 以在城市的住房类型为自购商品房、自购保障房、自购小产权房和自建房的样本为 1，其他为 0。

续表

变量	住房支出	总支出	住房支出占总支出比例	住房支出占总收入比例	总支出占总收入比例
个人和家庭特征变量	控制	控制	控制	控制	控制
城市特征变量	控制	控制	控制	控制	控制
地区固定效应	控制	控制	控制	控制	控制
样本量	88402	118216	88399	88402	118216
F 检验值	292.89*** (0.0000)	522.56*** (0.0000)	295.94*** (0.0000)	223.62*** (0.0000)	79.06*** (0.0000)

注：本表模型的被解释变量分别为住房支出、总支出、住房支出占总支出比例、住房支出占总收入比例、总支出占总收入比例等，估计方法为 OLS 估计；与系数估计值对应的括号内为稳健标准误，与检验值对应的括号内为相伴概率；***、**、* 分别表示估计值在 1%、5% 和 10% 的置信水平上显著异于 0；为节约篇幅，本表格未详细报告多个层面控制变量的估计结果。

3. 稳定预期效应

由于外来人口对流入城市发展前景等方面的未来预期是一个较为主观的变量，想要对此进行直接观察并不容易。幸运的是，本章采用的微观数据中有关于流动人口为何选择居留本地的问题："您打算留在本地的主要原因？"被调查者对这一问题的回答涉及个人未来发展空间、医疗教育等公共服务、政府管理等多个方面的原因。对于"个人发展空间大"的判断在很大程度上也体现出了对城市发展前景的预期，因此我们令选择"个人发展空间大"选项的样本为 1，其他原因的样本为 0 构建一个未来发展预期虚拟变量。以此变量作为被解释变量，以房价为解释变量，同时控制基准模型的其他所有控制变量建立模型，来验证房价对未来发展预期的影响，估计结果如表 3 - 5 第 3 列所示。估计结果显示，房价上涨会显著提高农民工对未来发展的预期，起到了稳定预期的效应。

综合以上对房价影响市民化意愿的传导机制的验证结果，房价上涨的生活成本效应对市民化意愿产生了负向影响，财富效应和稳定预期效应均对市民化意愿产生了正向影响。根据前文基准模型和工具变量估计的结果，房价对农民工市民化意愿的总效应为负，这在很大程度上说明，房价上涨对农民工市民化意愿的影响中，生活成本效应占主导。

表 3 - 5　　　　　　　　　房价的财富效应和稳定预期效应

变量	财富效应	稳定预期效应
房价	− 0. 0178 *** （0. 0034）	0. 0135 *** （0. 0032）
住房产权	0. 2265 *** （0. 0044）	
房价 × 住房产权	0. 0576 *** （0. 0042）	
个人和家庭特征变量	控制	控制
城市特征变量	控制	控制
地区固定效应	控制	控制
样本量	118220	96872
Wald 检验值	21493. 17 *** （0. 0000）	4512. 37 *** （0. 0000）
Log pseudo − likelihood	− 55073. 232	− 44661. 431

注：本表模型被解释变量分别为市民化意愿和未来发展预期变量，估计方法为 Probit 估计；与边际效应估计值对应的括号内为稳健标准误，与检验值对应的括号内为相伴概率；***、**、* 分别表示估计值在 1%、5% 和 10% 的置信水平上显著异于 0；为节约篇幅，本表未详细报告多个层面控制变量的估计结果。

第五节　房价对定居意愿的异质性影响：与城—城流动人口比较

虽然近年来除部分一线城市以外，大部分城市的户籍制度有很大程度的放松，户籍对人口流动的限制作用越来越弱，但是由于户籍制度根深蒂固的影响，乡—城和城—城流动人口在城市的就业、收入、住房状况和社会关系等方面均存在显著的差别。前文我们证实了房价对乡—城流动人口定居意愿的影响，那么，房价对城—城流动人口的定居意愿是否也存在同样的影响？表3－6中我们对此进行了验证。表3－6第2列和第4列是我们分别以城—城流动人口和全部流动人口为样本进行的工具变量估计；为了便于比较，第3列我们将前文对农民工样本的估计结果列了出来。从表3－6模型的估计结果可以看出，房价对全部流动人口定居意愿的影响依然显著为负，但是对城—城流动人口定居意愿的影响并不显著。

表3－6　　　　　　　　　　房价对定居意愿的异质性影响

变量	城—城流动人口	乡—城流动人口	全部流动人口
房价	0.2853 （0.4272）	－ 1.3393 *** （0.2853）	－ 1.3267 *** （0.3009）
个人和家庭特征变量	控制	控制	控制
城市特征变量	控制	控制	控制
地区固定效应	控制	控制	控制
样本量	33522	118220	151742
Wald 检验值	3819.17 *** （0.0000）	9934.21 *** （0.0000）	16010.69 *** （0.0000）

注：本表被解释变量为定居意愿，分别采用了城—城流动人口、乡—城流动人口和全部流动人口作为样本，估计方法为 ivprobit 两步法；第2—4列报告了系数估计值，与系数估计值对应的括号内为稳健标准误，与检验值对应的括号内为相伴概率；***、**、* 分别表示估计值在1%、5%和10%的置信水平上显著异于0；为节约篇幅，未详细报告多个层面控制变量的估计结果。

为什么房价上涨对城—城流动人口定居意愿的影响不显著呢？下

文从房价影响流动人口定居意愿的机制进行进一步探讨。

一　财富效应

　　首先我们从房价上涨的财富效应来观察。与前文建模思路类似，我们以定居意愿为被解释变量并引入房价和住房产权的交叉项对城—城流动人口样本进行回归，回归结果如表3－7第2列所示：房价与住房产权交叉项的边际效应系数显著为正，这表明，对城—城流动人口来说，房价上涨同样会通过财富效应增强其定居意愿。那么，城—城流动人口和乡—城流动人口财富效应的大小有没有明显的区别？我们选取拥有住房的全部流动人口为样本，同时引入房价和城镇户口的交叉项建立模型来观察。表3－7第4列估计结果显示，在有房的流动人口中，城镇户籍人口的定居意愿更高，但是房价和城镇户口的交叉项并不显著，这说明，房价上涨对有房的城—城与乡—城流动人口的影响并没有明显区别，两者的财富效应大小是类似的。

二　稳定预期效应

　　上文对城—城和乡—城流动人口财富效应大小的观察似乎并不能解释房价对流动人口定居意愿的异质性。下文我们从稳定预期效应角度来进行考察。与表3－5的思路类似，我们以未来发展预期为被解释变量，对城—城流动人口的稳定预期效应进行验证的结果如表3－7第2列所示。估计结果表明，房价的边际效应系数为正，表明房价上升增强了城—城流动人口对未来发展的预期，稳定预期效应是存在的。同样地，我们进一步采用全部流动人口样本，并引入房价和城镇户口的交叉项对城—城和乡—城流动人口的稳定预期效应进行比较，模型估计结果如表3－7第5列所示：房价与城镇户籍的交叉项显著为正，说明与乡—城流动人口相比，房价的上涨给城—城流动人口释放出更强的稳定预期信号，城—城流动人口的稳定预期效应要更大。

表 3 - 7　　　　　　异质性的解释：财富效应和稳定预期效应

变量	财富效应	稳定预期效应	财富效应比较	稳定预期效应比较
房价	0.0021 (0.0076)	0.0210*** (0.0068)	-0.0031 (0.0094)	0.0143*** (0.0029)
住房产权	0.2771*** (0.0081)			
城镇户口			0.0574*** (0.0091)	-0.0172*** (0.0045)
房价×住房产权	0.0316*** (0.0061)			
房价×城镇户口			-0.0082 (0.0076)	0.0060** (0.0028)
个人和家庭 特征变量	控制	控制	控制	控制
城市特征变量	控制	控制	控制	控制
地区固定效应	控制	控制	控制	控制
样本量	33522	29280	41473	126152
Wald 检验值	6985.36*** (0.0000)	1875.20*** (0.0000)	2820.29*** (0.0000)	6312.36*** (0.0000)

注：本表第 2 列和第 4 列被解释变量为定居意愿、第 3 列和第 5 列被解释变量为未来发展预期，第 2 列和第 3 列采用城—城流动人口样本，第 4 列采用拥有住房的流动人口样本，第 5 列采用全部流动人口样本；模型均采用 Probit 估计；与边际效应估计值对应的括号内为稳健标准误，与检验值对应的括号内为相伴概率；***、**、*分别表示估计值在 1%、5% 和 10% 的置信水平上显著异于 0；为节约篇幅，未详细报告多个层面控制变量的估计结果。

三　生活成本效应

我们以城—城流动人口为样本，分别以住房支出、总支出、住房支出占总支出比例、住房支出占总收入比例、总支出占总收入比例等作为被解释变量，对房价上涨的生活成本效应进行验证，估计结果如表3-8所示。从表3-8的估计结果可以看出，房价上涨同样使城—城流动人口的生活支出增加了：房价每上涨1万元，城—城流动人口家庭月住房支出会增加约162元，月总支出会增加约284元；同时，房价的上升也会增加住房支出占总支出和总收入比例；但是，从表3-8最后一列的估计结果可以看出，房价的上升并没有使城—城流动人口总支出占总收入的比例提高。这是为什么呢？房价上涨使城—城流动人口的总支出增加，而总支出占总收入的比例并没有提高，这说明，在房价上涨的同时，城—城流动人口的总收入可能以相应的比例提高了。

表3-8 城—城流动人口的生活成本效应

变量	住房支出	总支出	住房支出占总支出比例	住房支出占总收入比例	总支出占总收入比例
房价	161.8389*** (29.3683)	284.4036*** (52.8193)	0.0160*** (0.0037)	0.0378** (0.0186)	0.2185 (0.1946)
个人和家庭特征变量	控制	控制	控制	控制	控制
城市特征变量	控制	控制	控制	控制	控制
地区固定效应	控制	控制	控制	控制	控制
样本量	22696	33522	22696	22696	33522
F检验	121.71*** (0.0000)	206.79*** (0.0000)	67.77*** (0.0000)	43.51*** (0.0000)	22.94*** (0.0000)

注：本表中的被解释变量分别为住房支出、总支出、住房支出占总支出比例、住房支出占总收入比例、总支出占总收入比例等，估计方法为OLS估计；与系数估计值对应的括号内为稳健标准误，与检验值对应的括号内为相伴概率；***、**、*分别表示估计值在1%、5%和10%的置信水平上显著异于0；为节约篇幅，本表格未详细报告多个层面控制变量的估计结果。

为了验证这一推断，我们以家庭月收入为被解释变量，以房价为解释变量并控制与基准模型相同的控制变量，同样以人均土地出让面积和人均新增土地供应为工具变量，对模型进行估计，估计结果见表3-9所示。估计结果显示：房价每上涨1万元，流动人口平均家庭月收入增加约929元，城—城流动人口的家庭月收入增加约2798元；而乡—城流动人口的月收入虽然有明显的增加，但是其增加的收入仅有城—城流动人口的约1/7。可见，虽然房价上涨使得城—城流动人口的生活支出增加了，但是由于房价上升也会同比例提升其收入，因此其总支出占总收入的比例并没有上升，而对于乡—城流动人口来讲，房价的上升提高了其总支出，由于总收入并没有相应比例的增加，因此其总支出占总收入的比例上升了，日常生活支出压力的增加可能挤压其他方面的支出，从而使其生活水平下降。

表3-9　　　　　　　　　房价对收入的影响

变量	城—城流动人口	乡—城流动人口	流动人口
房价	2797. 723 *** (252. 1076)	401. 4569 ** (198. 6816)	929. 2796 *** (158. 4234)
个人和家庭特征变量	控制	控制	控制
城市特征变量	控制	控制	控制
地区固定效应	控制	控制	控制
样本量	33522	118220	151742
F检验	1315. 92 *** (0. 0000)	2405. 49 *** (0. 0000)	3616. 41 (0. 0000)

注：本表被解释变量为家庭月收入，估计方法为2SLS估计；与系数估计值对应的括号内为稳健标准误，与检验值对应的括号内为相伴概率；***、**、*分别表示估计值在1%、5%和10%的置信水平上显著异于0；为节约篇幅，本表格未详细报告多个层面控制变量的估计结果。

综合上文比较结果，我们对房价影响定居意愿的异质性进行解释：房价上涨会通过财富效应和稳定预期效应增加城—城和乡—城流动人口的定居意愿，而生活成本效应又会降低两者的定居意愿，对于农民工来说，由于房价上涨带来的生活成本效应占主导，因此房价整体上抑制了其定居意愿；而对于城—城流动人口来说，由于房价上涨会向其释放出更强的稳定预期信号，同时，房价上涨虽然使其日常生活支出上升，但是房价上涨引致的月收入相应比例的提高抵消了大部分生活成本上升的影响，其生活水平不一定会下降，因此，整体来讲，房价上升对城—城流动人口定居意愿的影响并不明显。

第六节　稳健性检验

下面我们分别改变样本、解释变量、工具变量和被解释变量，从多个角度对本章模型的稳健性进行检验。

一　替换被解释变量

本章我们重点研究了房价对农民工市民化意愿的影响，与市民化意愿变量较为接近的一个变量是落户意愿，前文已经提到过，随着户籍制度的放松和城市公共服务对象的放宽，一部分持有土地增值预期的农民工并不愿意在城市落户，导致有相当一部分家庭具有定居意愿但并没有落户意愿，可见落户意愿并不等同于定居意愿。但是，遵循类似的机制，房价对流动人口落户意愿的影响方向应该是和定居意愿类似的。因此，我们将模型被解释变量替换为落户意愿变量，对基准模型和工具变量模型进行估计，发现以落户意愿为被解释变量进行的

估计结果与基准模型和工具变量模型并没有实质性差别①，估计结果
见表 3 - 10 第 2 列。

二　替换工具变量

前文利用上年人均土地出让面积和人均土地供应总量作为工具变
量，此处我们根据张巍等（2018）利用 2003 年中国土地政策变化的
外部冲击所导致的城市土地供应量的增减构建房价的工具变量，具体
的思路是：以往中央政府在土地供应上更侧重沿海城市的发展，从
2003 年开始，土地供应政策出现了结构性的变化，中央政府的建设
用地配额开始向内陆城市倾斜，对后来东中西部城市的房价产生了深
远影响（陆铭等，2015）；Han 和 Lu（2017）认为这一政策冲击提供
了一个准自然实验环境，可以识别不同城市的房价影响。因此，可以
以 2003 年为界，根据 2003 年前后各城市土地供应份额的变化将其分
成两个组：2003 年后土地供应份额相对 2003 年之前下降的组，和
2003 年后土地平均供应份额相对于 2003 年之前上升的组；令土地份
额下降的城市为 1，反之为 0，便可以构建一个土地份额变量作为房
价的工具变量。我们尝试利用这一政策冲击作为本章房价的工具变
量。替换工具变量以后的估计结果如表 3 - 10 第 3 列所示，第一阶段
模型中土地供应份额虚拟变量系数显著为正②，这表明，虽然该政策
开始年代较远，但是依然对当今中国城市的房价产生了显著的影响，
第二阶段房价变量的系数估计值显著为负，这一结果和前文表 3 - 3
的结果也是一致的。

---

① 为节约篇幅，表 3 - 10 的稳健性检验结果均仅报告了工具变量估计结果。
② 表 3 - 10 中仅报告了第二阶段估计结果，第一阶段估计结果如有需要可向作者索取。

三 其他验证策略：替换核心解释变量和缩小样本

前文采用了城市层级的房价变量，此处我们以省级层级房价作为核心解释变量对模型进行估计；另外，我们还尝试缩小样本范围，仅保留因工作而流动和跨市流动的样本，对基准模型重新进行工具变量估计。估计结果如表 3 - 10 第 3—4 列所示，结果发现，房价对农民工定居意愿的影响始终显著为负，前文结论是相当稳健的。

表 3 - 10 稳健性检验

变量	替换被解释变量（落户意愿）	替换工具变量（2003 年前后土地份额变化）	替换核心解释变量（省级房价）	替换样本（剔除非工作流动、非跨市流动）
房价	− 0. 8184 *** (0. 2699)	− 0. 6798 *** (0. 1160)	− 0. 1505 *** (0. 0541)	− 1. 2256 *** (0. 3678)
个人和家庭特征变量	控制	控制	控制	控制
城市特征变量	控制	控制	控制	控制
地区固定效应	控制	—	控制	控制
样本量	118220	114276	118220	92118
Wald 检验值	9662. 31 *** (0. 0000)	10535. 15 *** (0. 0000)	5333. 51 *** (0. 0000)	7919. 43 *** (0. 0000)

注：除第 1 列以外，本表被解释变量为定居意愿，模型估计方法为 ivprobit 估计，除第 2 列以外，工具变量同表 3 - 3；与系数估计值对应的括号内为稳健标准误，与检验值对应的括号内为相伴概率；***、**、*分别表示估计值在 1%、5% 和 10% 的置信水平上显著异于 0；为节约篇幅，未详细报告多个层面控制变量的估计结果。

第七节 结论与政策启示

本章选取地级行政区域的宏观房价数据和流动人口动态监测大样

本微观数据，并以土地供应数据为工具变量，探索了房价对农民工市民化意愿的影响。本章经验研究有以下几点发现：第一，房价的上涨降低了农民工定居城市的意愿，以上一年土地供应数据为工具变量进行估计的结果也没有改变上述结论。第二，房价影响定居意愿的传导机制主要有生活成本效应、财富效应以及稳定预期效应三个方面：房价上涨引起的生活成本上升会降低农民工的定居意愿；而房价上升会通过财富效应和稳定预期效应增强农民工的市民化意愿；由于生活成本效应在三种效应中起主导作用，因此房价上涨在总体上阻碍了农民工城市定居。第三，本章探索了房价对流动人口定居意愿影响的异质性，研究结果发现：与农民工不同，房价上涨对城—城流动人口的定居意愿并没有明显的阻碍作用。其原因在于：一方面，与农民工相比，虽然房价上涨使得城—城流动人口日常生活支出增加，但房价上涨引致城—城流动人口的收入相应提高，比较而言，农民工的收入虽然也有提高，但是其提高程度远不及城—城流动人口，因此房价上升带来的生活成本上升对农民工的影响更大；另一方面，与农民工相比，房价的上涨能够给城—城流动人口带来更高的个人未来发展的稳定预期。最后，本章还分别从替换被解释变量、工具变量、核心解释变量以及缩小样本等多个角度对模型的稳健性进行了探讨，结论再次证明，本章模型的结论是相当稳健的。

关于房价与农民工定居意愿的其他解释变量的估计结果也符合直觉：男性和汉族人口的定居意愿比女性和其他民族人口的定居意愿要低；中共党员和已婚人士的定居意愿要更高；个人受教育水平对定居意愿的影响呈现出一定的"U"形变化趋势；家庭月收入越高，定居意愿越高；环境污染越严重的城市，个体定居意愿越低；而城市人均收入越高、人口自然增长率越高，越会增强个体的定居意愿。

　　本章对农民工定居意愿的观察，尤其是关于乡—城和城—城流动人口三个传导机制的比较研究至少有两方面的政策启示：一方面，房价的上涨会不可避免地提高生活成本，但是现有一些研究和本章的经验结果都发现，房价上升也会引致劳动者的收入提高，这意味着，只要收入能够保持相应比例的增长，就能够减少生活成本效应给农民工生活带来的冲击和影响。然而当前农民工收入的增长与城—城流动人口相比相当有限，这实际上是房价阻碍农民工定居的一个关键问题，只有减少和消除农民工在就业和收入等方面的歧视性对待，才能真正增强农民工的定居意愿。另一方面，本章实证结果发现，房价上涨给农民工带来的稳定预期效应比城—城流动人口要小，这说明，与城镇户籍流动人口相比，农民工对于在城市长期定居还存有较多顾虑，其顾虑可能源于对流出地土地增值的预期，也有可能是对城市公共服务是否能惠及自身的担忧。可见，大力推进城市公共服务对象的放宽，消除公共服务在农民工、城镇户籍流动人口和本地居民之间的差异是促进农民工城市定居的又一个关键问题。当然，囿于数据结构和自身水平的限制，本章的研究也存在一些不足之处。例如，研究农民工市民化有时需要用农民工与城市居民进行比较，本章虽然比较了房价对乡—城和城—城流动人口影响的异质性，但是由于本章所采用的流动人口动态监测数据中并没有包括本地城市居民，因此本章并没有将流动人口与城市居民相比较，这是本章研究有待改进的地方。

第四章　城市住房类型对农民工就业
稳定性的影响研究

从上一章的研究我们发现，近年来房价的持续上涨确实对农民工定居城市产生了阻碍，产生影响的最主要途径是房价上涨引致的农民工城市生活成本的上升。为了应对城市生活成本的上升，农民工在城市是否拥有稳定的就业便显得非常重要。因此，本章我们重点探讨城市住房状况对农民工就业稳定性的影响及其机制。

作为衡量就业质量的重要指标，劳动力市场的就业稳定性问题，一直为西方发达国家政府和学界所关注。经济学意义上的就业质量一般指劳动力与工作岗位的匹配程度，当劳动力与工作岗位的技能要求和薪酬水平相匹配时，劳资双方均愿意维持稳定的雇佣状态，此时就业稳定性就高；反之，当劳动力与工作岗位不匹配时，如果技能水平高于当前工作岗位薪酬水平，劳动者会主动寻求工作转换，如果技能水平低于当前工作岗位技能要求和薪酬水平，劳动者将面临被解雇的风险而被动进行工作转换，此时就业稳定性就会较低（Mortensen，2011）。可见，就业稳定性在很大程度上体现了劳动力的就业质量。

近年来，中国农民工的就业稳定性问题开始得到学界的关注。自改革开放以来，中国劳动力市场的就业稳定性呈下降趋势（孟凡强和吴江，2013），尤其是农民工群体的就业稳定性表现出明显的"流动性高，稳定性差"的特征，普遍存在着工作时间短，频繁转换工作的"短工化"现象（寇恩惠和刘柏惠，2013）。有研究发现，中国新生代农民工当前工作的平均持续时间约为 2.3 年（谢勇，2015），如果与西方国家相比较，根据欧盟统计局的劳动力研究报告，欧盟的平均就业期限是 9.7 年（Farber，2007）；国家统计局历年公布的《农民工监测调查报告》也显示，近年来农民工外出务工与雇主或单位签订正式劳动合同的比例较低且呈逐年下降趋势，由 2012 年的 43.9% 下降到了 2016 年的 38.2%[①]。

作为流动人口的主体和城市产业工人的主力军，中国近三亿农民工群体较低的就业稳定性可能存在多方面的消极影响。对农民工个人和家庭而言，频繁的工作转换不利于农民工人力资本的提升，也会影响家庭的收入、消费水平和福利状况，这在一定程度上也制约了农民工的市民化；对企业而言，员工的"短工化"往往导致企业不愿意进行长期人力资本投资，无法为员工提供更多的培训晋升机会和长期福利，只能依靠不断压低用工成本维持生存，从而使得企业长期处于产业分工的末端，失去了价值链升级的动力；从整个国家来说，有研究指出，作为城市产业工人的主力军，农民工普遍的"短工化"现象会导致中国无法形成足够规模的高技能产业工人队伍，以支撑和推动产业体系由低端走向中高端，从而制约了中国由贸易大国向贸易强国的转变（邵敏和武鹏，2013）。可见，农民工群体就业稳定性的提升不仅对家庭和企业具有积极影响，而且对中国新型城镇化和产业现代化建设有着非常重要的现实意义。

---

① 2017 年以后的报告均未包含该指标。

近年来关于农民工就业稳定性的研究从工资收入、人力资本、户籍制度、入职时间、入职门槛以及务工距离等多个方面探索了影响就业稳定性的因素（罗楚亮，2008；张春泥，2011；张务伟等，2011；寇恩惠和刘柏惠，2013；刘万霞，2013；韩雪和张广胜，2014；杨雪和魏洪英，2016；李中建和袁璐璐，2017 等）。然而现有研究的视角多集中于劳动力市场内部，少有研究关注劳动力市场以外的因素，尤其是住房市场对农民工就业稳定性的潜在影响。中国古语有云"有恒产者有恒心"，现有的大量国内外研究也证明了住房市场与劳动力市场存在密切的联系（Oswald，1996；Coulson 和 Fisher，2009；Dujardin 和 Goffette-Nagot，2009；刘斌和幸强国，2013 等），那么，对于频繁更换工作的农民工来说，有了稳定的住房是否就可以"有恒心"，从而保持较高的就业稳定性？这是本章试图探索和回答的问题。

本章将 2017 年中国流动人口动态监测数据与地级行政区域宏观统计数据相合并，以观察住房状况对农民工就业稳定性的影响。本章实证模型的研究结论表明：在打工所在城市拥有住房的农民工的就业稳定性更高，住房状况会通过房奴效应、心理认同和社会资本积累效应来影响农民工的就业稳定性，而房价上涨对有房产农民工带来的财富效应并不会显著影响其工作稳定性。同时我们发现，拥有住房的农民工就业稳定性最高，但是在无房产的农民工中，居住在政府公租房和单位（雇主）住房中的农民工的就业稳定性明显高于租住私房的农民工，而居住临时住所的农民工的就业稳定性最低；住房状况对中生代农民工就业稳定性的影响最大，而对新生代和老生代农民工就业稳定性的影响相对较小。

本章研究可能的贡献在于，从住房市场的角度，揭示了住房产权对农民工就业稳定性的正向影响，同时也发现，政府公共住房和单位雇主提供的住房对农民工就业稳定性的提升也存在明显的积极影响。可见，支持有条件和有意愿的农民工获得城市住房，帮助农民工入住公租房，鼓励雇主为农民工提供稳定的住房，促进农民工临时住房条件的改善，关注中年农民工及其家庭的住房需求等政策措施均对提高农民工的就业稳定性具有积极意义。

第一节　文献综述和理论分析

西方国家历来重视劳动力市场中的就业稳定性问题。早在 20 世纪 90 年代，学者们以欧洲和美国等发达经济体为样本，观察了其劳动力市场就业稳定性的变化及其深刻的经济社会影响（Burgess 和 Rees，1996；Gottschalk 和 Moffitt，1999；Gregg 和 Wadsworth，2002；Marcotte，2006；Bergmann 和 Mertens，2011；Artz 和 Kaya，2015；Jansen 等，2017）。

关于中国劳动力就业稳定性的研究近年来也不断涌现。相关的早期研究多关注于农民工就业稳定性引起的工资差异（罗楚亮，2008；黄乾，2009），其研究结果普遍发现，稳定就业农民工的工资水平要明显高于"短工化"的农民工。而近年来关于中国劳动力就业稳定性的整体研究发现，自改革开放以来，中国劳动力市场的就业稳定性呈下降趋势（孟凡强和吴江，2013）。而且，由于中国具有最庞大的流动人口群体以及典型的城乡二元结构，作为流动人口主体的农民工群体的就业稳定性表现出了明显的"流动性高，稳定性差"的特征，普遍存在着工作时间短，频繁转换工作的"短工化"现象（寇恩惠和刘柏惠，2013；谢勇，2015）。

为什么农民工的就业稳定性普遍较低？除性别、年龄等个体自身固有的差异以外，现有研究普遍将农民工就业稳定性较低的原因归因于人力资本因素，认为受教育水平和受培训经历不足、农民工职业教育及技能培训发展落后等因素导致了其就业质量和稳定性较低（张务伟等，2011；寇恩惠和刘柏惠，2013；刘万霞，2013；杨雪和魏洪英，2016 等）；也有一些研究认为，户籍制度下产生的城乡身份的分割是导致农民工频繁变换工作的关键原因（张春泥，2011）。然而有研究发现了不同的结论，例如邵敏和武鹏（2013）研究发现，人力资本越高的农民工反而越倾向于频繁地换工作，其原因在于中国出口导向的经济发展模式，正是中国"世界工厂"式的出口扩张导致农民工工作稳定性较低从而制约了产业的转型升级。此外，也有一些研究尝试从劳动者进入劳动力市场的时间（孟凡强和吴江，2013），务工距离（李中建和袁璐璐，2017），企业入职门槛（韩雪和张广胜，2014）等角度解释农民工就业稳定性更低的原因。

从上文的综述可以看出，近年来关于中国劳动力就业稳定性的研究从工资收入、人力资本、入职时间、入职门槛以及务工距离等多个方面解释了中国劳动者尤其是农民工就业稳定性较低的原因，然而，目前的研究视角多集中于劳动力市场内部，少有研究关注劳动力市场以外的因素，尤其是住房市场对农民工就业稳定性的潜在影响。实际上，早在 20 世纪 90 年代就有学者注意到了住房市场对劳动力市场的可能影响，但是当前研究的视角主要集中于住房对失业、工资、劳动力参与等因素的影响（Oswald，1996；Coulson 和 Fisher，2009；Dujardin 和 Goffette-Nagot，2009；刘斌和幸强国，2013 等），居住与就业的空间匹配（周素红等，2010 等）等方面，关于住房对就业稳定性的影响尚无经验研究涉及。中国古语有云"有恒产者有恒心"，那么，对于频繁更换工作的农民工来说，有了稳定的住房是否就可以

"有恒心",从而保持较高的就业稳定性?这是本章试图探索和回答的问题。

为什么住房状况会影响农民工的就业稳定性?根据现有研究关于住房市场与劳动力市场的研究结论,我们总结了三个方面可能的影响机制。

第一,房奴效应。有研究发现,自有住房或公租房会限制劳动者的流动性(Munch 等,2008;刘斌和幸强国,2013 等),尤其是对于存在偿还贷款压力的自有住房者而言,更不能承受长期的工作搜寻成本而保持较高的就业稳定性,因此房奴效应会增加劳动者的就业稳定性。

第二,心理认同效应。中国古语有云"安居乐业",住房作为劳动者安身立命之所,对于农民工有着重要的心理意义,对于农民工来讲,有了一套自有住房便有了在城市的归属感,因此住房产权引起的心理认同效应会提高农民工的工作稳定性。

第三,社会资本积累。有研究表明,自有住房者在社区活动和邻里交往方面更加积极(Rohe 和 Stegman,1994),稳定的住房有利于农民工积极参与社区和邻里交往活动以融入当地社会,提升社会资本积累,从而有利于提高其就业稳定性。此外,对于拥有住房的劳动者来说,房价的上涨会使其房产价值增加而产生所谓的财富效应,这也可能对有房农民工的工作稳定性产生影响,后文也会尝试对此机制进行实证探索。

第二节 模型设定、数据选取与描述性统计

一 基准模型

为了研究住房状况对农民工就业稳定性的影响,参照相关研究的

模型设定，我们用以下两个方程［见式（4 – 1）和式（4 – 2）］来简单表示本章的基准模型。

$$\ln Y_i = \beta h_i + \gamma X_i + \chi C_i + \eta D_i + \varepsilon_i \qquad (4 - 1)$$

$$\mathrm{prob}(Y_i \geq 3) = \beta h_i + \gamma X_i + \chi C_i + \eta D_i + \varepsilon_i \qquad (4 - 2)$$

其中，两个模型中的 Y_i 均为就业稳定性变量，用当前工作的持续时长来表示，模型（4 – 1）的被解释变量为工作持续时长的对数，模型（4 – 2）中的被解释变量为一个二值选择变量，当前工作时长大于等于 3 年为 1，小于 3 年为 0。两个模型的解释变量是一致的，h_i 代表家庭的住房状况，是本章最关心的解释变量；X_i 是包括性别、年龄、年龄平方、民族、中国党员、婚姻状况、健康状况、受教育年限、受教育年限平方、个人工资收入、家庭月收入等一系列个人和家庭特征变量；C_i 为环境污染、人均 GDP、人口自然增长率等城市特征变量；D_i 为地区固定效应，以各省级单位的虚拟变量进行控制；ε_i 为随机扰动项，以表征不可观测变量的影响。

二　数据样本选取说明

我们利用 2017 年中国流动人口动态监测调查数据与各地级行政区域的宏观统计数据相匹配得到本章研究的数据库。中国流动人口动态监测调查由国家卫健委自 2009 年开始实施，是目前全国最大的以流动人口为对象的抽样调查，其调查范围覆盖 31 个省区以及新疆生产建设兵团，每年样本量接近 20 万户，调查内容涉及流动人口及家庭成员的收入、就业、居住、基本公共卫生服务、子女流动和教育、心理文化等多个方面。与以往年份的调查数据相比，2017 年的调查中较为详细地包含了流动人口住房状况、就业和主观态度等方面的问题，有利于我们对农民工住房状况和就业稳定性进行研究，并对其机制进行深入探索。本书采用的地级行政区域经济增长、环境污染、房价和土地供应等宏观数据均来自于相应年份的《中国城市统计年鉴》《中国区域经济统计年鉴》《中国国土资源统计年鉴》以及相应地区历年的统计年鉴和统计公报。剔除非劳动年龄人口和未就业的人口，经过匹配和数据清理之后，本章的基础数据库包含了全国331个地级行政区域56506个流动人口观测值。

三 被解释变量和解释变量选取说明

1. 被解释变量

本章的主要被解释变量为就业稳定性变量。现有研究一般采用当前工作持续时间、近三年换工作的频率、工作时长与流动时长的比值、是否签订长期劳动合同等策略来对就业稳定性进行衡量。借鉴现有研究并根据本章的数据结构，我们构建了三类衡量农民工就业稳定性的指标作为被解释变量。第一类为工作时长对数变量，用被调查农民工当前工作持续时长的对数来表示；第二类为工作时长不小于3年的虚拟变量，具体的，我们令当前工作持续时长大于等于3年为1，小于3年为0构建一个二值选择变量；第三类指标我们利用当前工作时长与本次流动时长的比值构建一个被解释变量。在基准模型和工具变量模型中我们采用第一类和第二类指标作为被解释变量。在稳健性检验中，一方面我们采用第三类指标作为被解释变量；另一方面我们分别降低和提高关于工作稳定的衡量标准，以现职工作时长不小于2年和不小于4年分别构建二值选择变量作为被解释变量。

2. 核心解释变量

本章的核心解释变量为农民工的住房状态变量。在本章基准模型和工具变量模型中，利用中国流动人口动态监测数据对农民工住房状况的调查，如果被调查样本所在家庭拥有现居住房的产权（含小产权）则为1，否则为0，以此构建一个二值的自有住房变量，以观察拥有住房产权对农民工就业稳定性的影响；同时，为了观察住房状况对就业稳定性影响的异质性，我们还分别构建了租住私人住房、单位雇主房、政府公租房和临时居所等二值选择变量以便对住房状况进行全面的观察。

3. 控制变量

为了对影响农民工就业稳定性的可能因素进行控制，参考现有研究，本章同时控制了个人特征、家庭层面、社区层面和地区层面等诸多因素的影响。具体而言，本章控制了性别、年龄、年龄平方、民族、健康状况、婚姻状况、中国党员、婚姻状况、健康状况、受教育年限、受教育年限平方、个人工资收入、家庭月收入等一系列个人和家庭特征变量；同时控制环境污染、人均 GDP、人口自然增长率等城市特征变量；并引入省区虚拟变量来对地区固定效应进行控制。

4. 工具变量

为了削弱本章基准模型可能存在的内生性，借鉴现有文献的方法（Han 和 Lu，2017；张巍等，2018），我们利用被调查样本所在地级市 2015—2016 年的土地供应面积和新增土地出让面积占全国份额的增减构建了两个土地份额变化变量作为住房产权的工具变量，如果2016 年相比 2015 年份额增加，则为 1，否则为 0。关于工具变量选取方法的详细介绍及其合理性的探讨详见实证研究部分。

表 4 - 1　　　　　　　　主要变量说明及描述性统计

变量	说明	观测值	均值	标准差	最小值	最大值
工作时长对数	连续变量，当前工作持续年数取对数	56506	1.3449	0.7946	0	3.87

续表

变量	说明	观测值	均值	标准差	最小值	最大值
工作时长不小于3年	0—1变量，当前工作时长不少于3年=1；小于3年=0	56506	0.5079	0.4999	0	1
自有住房	0—1变量，拥有现居住房产权（含小产权）=1，否则=0	56506	0.2971	0.4570	0	1
性别	0—1变量，男性=1，女性=0	56506	0.5433	0.4981	0	1
年龄	连续变量，单位岁	56506	33.91	9.51	16	65
年龄平方	连续变量，单位岁	56506	1240.59	713.70	256	4225
民族	0—1变量，汉族=1，其他=0	56506	0.9212	0.2695	0	1
中共党员	0—1变量，中共党员=1，其他=0	56506	0.0681	0.2519	0	1
婚姻状况	0—1变量，已婚、同居=1，其他=0	56506	0.7274	0.4453	0	1
健康状况	0—1变量，自评健康良好及以上=1，一般和不健康=0	56506	0.8566	0.3505	0	1
受教育年限	连续变量，单位年	56506	11.3545	3.4143	0	19
受教育年限平方	连续变量，单位年	56506	140.5808	76.3523	0	361
个人工资收入	连续变量，ln（上月工资收入）	56506	8.1458	0.7785	0	11.69
家庭月收入	连续变量，ln（家庭月收入）	56473	8.6972	0.5900	5.30	12.21
环境污染	城市特征变量，城市年平均PM2.5浓度，单位ug/m³	56506	45.5297	14.4595	14	116
人均GDP	城市特征变量，ln（人均GDP）	53878	17.4464	1.4128	12.76	19.54
人口自然增长率	城市特征变量，单位‰	56506	6.1613	5.1928	-10.97	36.06

四　住房类型与就业稳定性统计描述

表 4-1 是对本章主要变量选取的说明及描述性统计，可以看出，本章所采用样本的平均年龄在 34 岁左右，约有 51% 的样本当前工作时长超过 3 年，约 30% 的样本拥有住房，男性占比为 54%。表 4-2 中我们根据住房类型对当前工作时长是否超过 3 年的样本进行了分类比较，可以看出，居住在产权住房中的农民工当前工作时长超过 3 年的比例超过了 60%，明显大于其他住房类型，而在非自有产权类型中，居住在政府公租房中的农民工当前工作时长超过 3 年的比例要略高于租住私房、单位雇主房和临时居所居住者。当然，这些差异是否显著，是否可以赋予其因果解释，还需要进一步的探索。

表 4-2　　　　　　　　　　　住房类型与就业稳定性

住房类型	当前工作时长		样本量
	<3 年（%）	≥3 年（%）	
自有住房	37.46	62.54	16787
租住私房	53.82	46.18	27817
单位雇主房	55.16	44.84	8990
政府公租房	50.73	49.27	964
临时居所	56.42	43.58	1948
合　计	49.21	50.79	56506

第三节　实证研究：住房对农民工就业稳定性的影响

一　基准模型估计

为了探索住房状况对农民工就业稳定性的影响，我们以就业稳定性变量为被解释变量，以住房产权变量为核心解释变量，同时控制了被调查者的性别、年龄、年龄平方、民族、中共党员、婚姻状况、健康状况、受教育年限、受教育年限平方、个人工资收入、家庭月收入等个人和家庭层面的变量，环境污染、人均GDP、人口自然增长率等地区层面的变量以及地区固定效应变量建立模型进行的回归结果如表4-3所示。表4-3模型（1）是以连续变量工作时长对数为被解释变量对前文式（4-1）进行的OLS估计结果；模型（2）是以工作时长不小于3年虚拟变量为被解释变量对前文式（4-2）进行的Probit估计结果，模型（2）中剔除了外出务工时间不足3年的样本。从两个基准模型的估计结果可以看出，住房产权变量的系数估计值或边际效应的估计值均在1%的置信度下显著为正，这表明，不论是采用连续变量还是虚拟变量来表征农民工的就业稳定性，在务工城市拥有房产的农民工的就业稳定性都明显高于其他住房类型的农民工，自有住房对农民工就业稳定性的正向影响是存在的。其他解释变量的系数估计值也是基本显著的：男性农民工的就业稳定性高于女性；就业稳定性会随着年龄的增加而增加，但是在年龄达到51岁左右时会随着年龄的增加而下降①，从而呈现典型的倒"U"形变化；汉族、中共党员和受教育程度更高的农民工就业稳定性明显更高；个人工资和家庭收入对农民工就业稳定性也存在显著的正向影响；在控制了地区固定效应以后，地区层面的变量显著性较低。

---

① 该年龄是根据基准模型（1）的估计结果进行的测算，如果根据基准模型（2）来测算，拐点出现在46岁左右。

表4-3　　　　基准模型估计结果：住房产权对就业稳定性的影响

变量	(1) OLS 工作时长对数	(2) Probit 工作时长≥3	变量	(1) OLS 工作时长对数	(2) Probit 工作时长≥3
自有住房	0.1235*** (0.0099)	0.0409*** (0.0073)	受教育年限	0.0149** (0.0059)	0.0075* (0.0039)
性别	0.1649*** (0.0077)	0.0937*** (0.0063)	受教育年限平方	-0.0004 (0.0003)	-0.0001 (0.0002)
年龄	0.0919*** (0.0028)	0.0559*** (0.0024)	个人工资收入	0.0953*** (0.0072)	0.0568*** (0.0054)
年龄平方	-0.0009*** (0.0000)	-0.0006*** (0.0000)	家庭月收入	0.0435*** (0.0087)	0.0043 (0.0071)
民族	0.0444*** (0.0147)	0.0343*** (0.0119)	环境污染	-0.0009 (0.0006)	-0.0004 (0.0004)
中共党员	0.0858*** (0.0175)	0.0726*** (0.0137)	人均GDP	0.0031 (0.0045)	0.0033 (0.0035)
婚姻状况	0.0549*** (0.0107)	0.0472*** (0.0093)	人口自然增长率	-0.0006 (0.0012)	-0.0007 (0.0009)
健康状况	-0.0167 (0.0115)	0.0093 (0.0083)	地区固定效应	控制	控制
			观测值	38137	30185

注：***、**、*分别表示估计值在1%、5%和10%的置信水平上显著异于0；括号内为稳健标准误；模型（2）报告了边际效应估计值。

二　工具变量估计

上文对两个基准模型的估计结果均证实了拥有产权住房对农民工就业稳定性的正向影响。然而，本章基准模型有可能受到内生性问题的干扰，一方面，虽然我们尝试控制了包括个人、家庭、城市、省区等多个层面的控制变量，但是从理论上来说，依然有可能存在不可观测变量的影响；另一方面，由于就业稳定性可能反向作用于个人的住房状况，例如，即便在其他条件都相同的情况下，就业稳定性更高的人也可能更愿意在城市购买住房并定居，这便可能导致内生性问题。

目前以中国为样本的住房研究多利用中国政府土地供应划拨和出让制度的特点，选取与土地供应相关的变量作为工具变量，其逻辑是：一方面，由于土地是房地产市场的关键投入要素，土地供应的大小将直接对房价乃至住房自有率产生影响，土地供应越紧张，房价越高（陈斌开和杨汝岱，2013 等），家庭买房更困难，住房自有率也越低；另一方面，中国长期以来对土地使用实行严格的用途管制和耕地保护制度，各城市每年的土地供应由中央和省级政府根据《土地利用年度计划管理办法》进行严格规划和管制①，因此，土地供应往往被看作外生的（陆铭等，2015 等）。利用这一思路，现有研究多采用上一年的人均土地出让面积（陆铭等，2015）、住宅用地供给面积（张莉等，2017）、房屋竣工面积（葛玉好和张雪梅，2019）等类似变量作为房价等住房变量的工具变量；另外，也有研究利用中国土地政策变化的外部冲击所引起的城市土地供应量的变化构建了更为精巧的工具变量（Han 和 Lu，2017；张巍等，2018）。从理论上来说，该种类型的工具变量作为本章住房产权变量的工具变量也是合适的，一方面，土地供应紧张推高房价，家庭拥有住房产权也更为困难，工具变量相关性满足；另一方面，对于本章的被解释变量来讲，目前没有研究表明农民工的就业稳定性会对由上级政府管控的土地供应变量产生影响，外生性也是满足的。

参照现有文献的测算方法（Han 和 Lu，2017；张巍等，2018），我们利用被调查样本所在地级市前两年即 2015—2016 年的土地供应面积和新增土地出让面积占全国份额的增减构建了工具变量：如果

---

① 关于中国土地的划拨、出让、租赁和其他供应形式的详细介绍以及土地供应变量作为住房工具变量的合理性，陆铭等（2015）对此有相当细致的讨论。

2016 年相比 2015 年份额增加，则为 1，否则为 0，这样便分别得到前两期土地供应份额变动和新增土地出让面积份额变动两个工具变量。采用工具变量对基准模型进行估计的结果见表 4 - 4 模型（1）和模型（2）所示，从模型估计结果可以看出，不论是模型（1）的 2SLS 估计还是模型（2）的 ivprobit 估计，核心解释变量住房产权的系数估计值依然显著为正，自有住房对农民工就业稳定性的正向影响是存在的，其他解释变量的估计结果也与本章的两个基准模型基本一致。表格后两列还报告了对工具变量的弱工具变量和过度识别检验的检验结果，K - P Wald F 检验值的大小均远大于 10，表明我们不用担心模型的弱工具变量问题，相关性条件满足；从 Hansen-J 检验的结果可以看到，拒绝原假设犯错误的概率明显超过了 10%，无法拒绝工具变量与被解释变量无关的原假设，表明模型不存在过度识别问题，这说明工具变量的外生性假设也是成立的。

表 4 - 4　　　　　　　　　　工具变量估计结果

变量	(1) 2SLS 工作时长对数	(2) ivprobit 工作时长≥3	变量	(1) 2SLS 工作时长对数	(2) ivprobit 工作时长≥3
自有住房	1.0092 *** (0.3556)	1.1960 *** (0.4210)	受教育年限	0.0144 ** (0.0062)	0.0157 (0.0096)
性别	0.1787 *** (0.0101)	0.2429 *** (0.0177)	受教育年限平方	- 0.0011 *** (0.0004)	- 0.0012 ** (0.0006)
年龄	0.0851 *** (0.0041)	0.1170 *** (0.0171)	环境污染	0.0018 (0.0013)	0.0030 (0.0019)
年龄平方	- 0.0009 *** (0.0001)	- 0.0012 *** (0.0002)	个人工资收入	0.1078 *** (0.0092)	0.1454 *** (0.0144)
民族	0.0268 (0.0174)	0.0520 (0.0334)	人均 GDP	0.0286 ** (0.0115)	0.0388 *** (0.0145)

	（1）2SLS	（2）ivprobit		（1）2SLS	（2）ivprobit
变量	工作时长对数	工作时长≥3	变量	工作时长对数	工作时长≥3
中共党员	0.0722 ***	0.1653 ***	家庭月收入	−0.0854	−0.1563 **
	(0.0205)	(0.0386)		(0.0525)	(0.0678)
婚姻状况	−0.0415	−0.0123	人口自然增长率	0.0031	0.0031
	(0.0406)	(0.0609)		(0.0019)	(0.0029)
健康状况	−0.0035	0.0266	地区固定效应	控制	控制
	(0.0138)	(0.0206)	观测值	38137	30185
K-P Wald F 检验	17.286	18.606	Hansen-J 检验	0.884 (0.3472)	1.183 (0.2768)

注：***、**、*分别表示估计值在1%、5%和10%的置信水平上显著异于0；与系数估计值对应的括号内为稳健标准误，与检验值对应的括号内为相伴概率。

三　稳健性检验

上文我们在模型中尽可能全面地引入了个人、家庭、城市和省区等多个层面的控制变量，同时还采用了从理论和统计学角度均表现良好的工具变量进行了工具变量估计，实证结果证实了自有住房对农民工就业稳定性的积极影响。为了进一步验证这一结论的稳健性，我们分别采用替换被解释变量、改变样本、改变样本估计方法等策略对前文模型的稳健性进行进一步验证，稳健性检验结果见表4-5所示。

第一，我们尝试改变基准模型（2）中关于就业稳定性的衡量标准，分别降低和提高标准，以现职工作时长不小于2年和不小于4年分别构建和基准模型（2）类似的被解释变量[1]，并利用和表4-4同样的工具变量重新进行 ivprobit 估计的结果见表4-5模型（1）和模

---

[1]　与表4-3一样，我们分别剔除了外出务工经验不足2年和不足4年的样本。

型（2）所示，可以看出，住房产权变量系数估计值依然显著为正。

第二，有一些现有研究以当前工作时长与流动时长的比值作为被解释变量，因此，本章也构造了一个类似的被解释变量，重新进行工具变量回归得到的估计结果如表4-5模型（3）所示，从估计结果可以看出，改变被解释变量为比例变量以后，住房产权对就业稳定性的正向影响依然显著存在。

第三，本章的研究样本中存在着一些年龄、受教育年限和工作经验值较大的样本，根据邵敏和武鹏（2013）的思路，受教育年限超过12年及大学以上学历的劳动者直观上不应将其称为农民工，因此我们剔除受教育年限超过12年的样本；同时，严格说来，中国的农民工实际上是从1978年改革开放政策以后才开始出现的，因此，如果进城务工的工作经验超过39年则意味着该样本自改革开放以前就成了农民工，直觉上不够合理，因此我们剔除这类样本；另外，现有的部分研究的样本年龄范围为16—60岁，因此我们也剔除年龄超过60岁的样本。根据以上思路剔除疑似异常的样本，以当前工作时长对数为被解释变量重新进行工具变量回归的结果如表4-5模型（4）所示，可以看出，剔除部分样本以后，住房产权对农民工就业稳定性的影响依然是显著的。

第四，由于本章基准模型（1）采用了被调查者当前工作持续的时长，可以改造为一个计数变量，因此，我们以工作时长为被解释变量，分别利用负二项回归和泊松回归方法对模型重新进行估计，结果如表4-5模型（5）和模型（6）所示。可以看出，估计方法的改变依然没有改变前文得到的基本结论，这说明，本章基准模型和工具变量模型估计结果均是较为稳健的。

表 4 - 5　　　　　　　　　　　　　　稳健性检验

变量	(1) 工作时长≥2	(2) 工作时长≥4	(3) 工作与流动 时长比值	(4) 剔除疑似 异常样本	(5) 负二项回归	(6) 泊松回归
自有住房	1. 6838 *** (0. 3033)	1. 3200 *** (0. 4138)	0. 4266 ** (0. 2051)	1. 9366 ** (0. 8760)	0. 1587 *** (0. 0126)	0. 1687 *** (0. 0134)
个人和家庭 特征变量	控制	控制	控制	控制	控制	控制
城市特征 变量	控制	控制	控制	控制	控制	控制
地区固定 效应	控制	控制	控制	控制	控制	控制
观测值	32095	28432	33446	26962	38137	38137
F/Wald 检验值	5322 *** (0. 0000)	4573 *** (0. 0000)	61. 07 *** (0. 0000)	91. 45 *** (0. 0000)	12073 *** (0. 0000)	10147 *** (0. 0000)

注：***、**、* 分别表示估计值在 1%、5% 和 10% 的置信水平上显著异于 0；与系数估计值对应的括号内为稳健标准误，与检验值对应的括号内为相伴概率；为节约篇幅，未报告个人、家庭、城市和地区固定效应控制变量的估计结果。

第四节　传导机制：房奴效应、心理认同和社会资本积累效应

前文第二部分我们分析了住房状况影响农民工就业稳定性的三种可能机制：房奴效应、心理认同和社会资本积累效应；另外，房价上涨的财富效应也可能对有房者的行为产生影响。为了对上述可能的影响机制进行验证，本章采用 Baron 和 Kenny 提出的中介效应逐步回归框架并辅以近年来最为流行的 Bootstrap 法检验中介效应的显著性（温忠麟和叶宝娟，2014）。为此，本章设定如下中介效应模型：

$$\ln Y_i = ch_i + \gamma X_i + \chi C_i + \eta D_i + \varepsilon_i \qquad (4-3)$$

$$M_i = ah_i + \gamma X_i + \chi C_i + \eta D_i + \varepsilon_i \qquad (4-4)$$

$$\ln Y_i = c^{'} h_i + bM_i + \gamma X_i + \chi C_i + \eta D_i + \varepsilon_i \qquad (4-5)$$

其中，M_i 为中介变量，在本章中分别表示房奴效应、心理认同和社会资本积累效应，其他变量的含义与式（4-1）的基准模型相同，式（4-4）和式（4-5）参数估计值 a 和 b 的乘积则可以衡量中介效应对农民工就业稳定性的影响大小。

一 房奴效应

首先我们对房奴效应进行验证。本章利用中国流动人口动态监测数据关于流动人口住房支出的调查数据构建农民工月住房支出变量作为中介变量，[①] 从理论上来说，如果拥有住房的农民工月住房支出更高，同时更高的月住房支出如果能显著增加农民工的就业稳定性，那么房奴效应就是存在的。按照式（4-3）—式（4-5）的步骤进行的中介效应检验如表4-6模型（1）—模型（3）所示，从中介效应的估计结果我们可以看出，自有住房者的月住房支出显著更高，而更高的住房支出使得其就业稳定性更高，中介效应是显著的，利用自举法抽样200次得到的中介效应检验结果同样是显著的，房奴效应能够解释总效应的 10.86%，具有较为明显的解释力。

表4-6　　　　　　　　　　　　　房奴效应检验

变量	房奴效应		
	（1）	（2）	（3）
自有住房	0. 1306 *** （0. 0126）	0. 1066 *** （0. 0015）	0. 1165 *** （0. 0137）

---

① 鉴于中国流动人口动态监测数据中该指标的特点，本书的农民工月住房支出变量并没有明确区分房租和房贷，实际上也可以理解，对于有房者来讲是月住房支出一般指房贷，而对无房者来讲便是房租。我们同时剔除了住房支出为0的样本。

续表

变量	房奴效应		
	（1）	（2）	（3）
房奴效应			0.1331 *** (0.0506)
个人和家庭特征变量	控制	控制	控制
城市特征变量	控制	控制	控制
地区固定效应	控制	控制	控制
Bootstrap 法检验	0.0142 *** （0.0053）		
F 值	126.50 ***	452.41 ***	123.92 ***
中介效应占总效应比例	0.1086		
观测值	26435	26435	26435

注：***、**、* 分别表示估计值在 1%、5% 和 10% 的置信水平上显著异于 0；与系数估计值对应的括号内为稳健标准误，与检验值对应的括号内为相伴概率；为节约篇幅，未报告个人、家庭、城市和地区固定效应控制变量的估计结果。

二　心理认同效应

为了验证住房产权是否通过心理认同影响就业稳定性，我们根据中国流动人口动态监测数据中关于身份认同的一个主观问题构建虚拟变量作为中介效应变量。具体地，如果被调查样本认为自己已经是本地人了则为 1，否则为 0，该变量可以体现出被调查者对自己城市居民身份的心理认同感。从表 4-7 模型（1）—模型（3）的中介效应估计结果可以看出，拥有住房产权确实会在一定程度上通过影响农民工对市民身份的心理认同感来增强其就业稳定性，自举法抽样 200 次得到的中介效应检验结果也是显著的，心理认同中介效应能解释总效应的 11.78%，同样具有较强的解释力。

三　社会资本积累效应

为了对社会资本积累效应进行验证，与上文类似，我们利用问卷中的一个主观变量，即农民工对是否愿意融入本地的回答构建一个虚拟变量（是＝1，否＝0），如果被调查样本愿意融入当地社区，则意味着该样本具有较为积极的态度参与社区和邻里交往，进行社会资本积累。社会资本积累中介效应检验结果如表4－7模型（4）—模型（6）所示，可以看出，拥有住房产权的农民工更愿意融入本地，这促进了其社会资本积累，其就业稳定性也有了显著的提高。自举法抽样得到的中介效应检验结果同样是显著的，社会资本积累效应能解释总效应的4%左右。

表4－7　　　　　　　　心理认同和社会资本积累中介效应检验

变量	心理认同效应			社会融入效应		
	（1）	（2）	（3）	（4）	（5）	（6）
自有住房	0.1235 *** (0.0096)	0.2540 *** (0.0096)	0.1089 *** (0.0097)	0.1235 *** (0.0096)	0.1327 *** (0.0081)	0.1185 *** (0.0096)
心理认同效应			0.0573 *** (0.0051)			
社会融入效应						0.0376 *** (0.0060)
个人和家庭特征变量	控制	控制	控制	控制	控制	控制
城市特征变量	控制	控制	控制	控制	控制	控制
地区固定效应	控制	控制	控制	控制	控制	控制
Bootstrap 检验	0.0145 *** (0.0014)			0.0050 *** (0.0008)		
F 值	189.07 ***	128.67 ***	26.6146 ***	189.07 ***	59.09 ***	185.98 ***
中介效应占总效应比例	0.1178			0.0404		
观测值	38137	38137	38137	38137	38137	38137

注：***、**、*分别表示估计值在1%、5%和10%的置信水平上显著异于0；与系数估计值对应的括号内为稳健标准误，与检验值对应的括号内为相伴概率；为节约篇幅，未报告个人、家庭、城市和地区固定效应控制变量的估计结果。

四 财富效应：房价的交互影响

从表 4-6 和表 4-7 对模型中介效应的检验可以看出，房奴效应、心理认同效应和社会资本积累效应对住房产权影响就业稳定性起到了非完全中介效应，这意味着还有一些可能的传导机制尚待挖掘。下面我们尝试从财富效应角度对其他可能的传导机制进行进一步探索。正如前文理论部分的推测，对于拥有自有住房的农民工来讲，房价的上涨会使其物质财富增加，从而可能对有房者的就业行为产生影响，那么，财富效应是否会对农民工的就业稳定性产生明确的影响？我们引入房价和住房产权的交互项，并同时控制住房产权、房价和其他控制变量对模型重新进行回归的结果如表 4-8 所示，可以看出，房价和住房产权交叉项的系数估计值不显著，这表明，房价上涨带来的财富效应并不会对有房者的就业稳定性产生明显影响。

表 4-8　　　　　　　　财富效应：房价的交互影响

变量	(1)
自有住房	0.1071 *** (0.0161)
房价	-0.0151 * (0.0087)
自有住房 × 房价	0.0168 (0.0133)
个人和家庭特征变量	控制
城市特征变量	控制
地区固定效应	控制
观测值	38137
F 检验值	219.45 *** (0.0000)

注：***、**、* 分别表示估计值在 1%、5% 和 10% 的置信水平上显著异于 0；与系数估计值对应的括号内为稳健标准误，与检验值对应的括号内为相伴概率；为节约篇幅，未报告个人、家庭、城市和地区固定效应控制变量的估计结果。

第五节　异质性：住房类型和代际差异

一　住房类型

从前文描述性统计可以看出，农民工群体中，拥有自有住房的人不到30%，超过70%的人以租住政府公租房、单位雇主房、租住私房或者临时居所的形式居住于城市，因此，下面我们考虑不同住房类型的农民工在就业稳定性方面的差异（见表4-9）。模型（1）是我们以租住私房和居住临时居所的农民工为样本（租住私房=1），对就业稳定性进行的比较回归，可以看出，租住私人住房的农民工的就业稳定性要显著高于居于临时居所者；模型（2）我们以租住私房和政府公租房的农民工为样本（政府公租房=1），对其就业稳定性进行的比较，从回归结果可见，租住政府公租房的农民工的就业稳定性显著高于租住私房者；模型（3）以租住私房和单位雇主房的农民工为样本（单位雇主房=1）对两者就业稳定性进行的比较，可以看出，居住在单位/雇主住房中的农民工的就业稳定性要明显高于租住私房者；最后，我们利用模型（4）对入住政府公租房和单位雇主房的农民工的就业稳定性进行了比较回归（政府公租房=1），结果表明，租住政府公租房和入住单位/雇主房的农民工的就业稳定性没有明显差异。至此，结合本章基准模型的结果，我们可以得到农民工就业稳定性随不同住房类型而不同的基本结论：自有住房农民工的就业稳定性最高，租住政府公租房或者住在单位雇主房中的农民工就业稳定性次之，租住私人住房的农民工就业稳定性相对较低，而居住临时居所的农民工就业稳定性最低。

表4-9 住房类型的异质性：租住私房、政府公租房、
单位/雇主房和临时居所

变量	（1）租住私房 VS 临时居所	（2）公租房 VS 租住私房	（3）单位雇主房 VS 租住私房	（4）公租房 VS 单位雇主房
租住私房	0.0648 *** (0.0228)			
政府公租房		0.0633 *** (0.0286)		0.0105 (0.0336)
单位雇主房			0.0737 *** (0.0105)	
个人和家庭特征变量	控制	控制	控制	控制
城市特征变量	控制	控制	控制	控制
地区固定效应	控制	控制	控制	控制
观测值	21577	20898	26902	7352
F检验值	111.20 *** (0.0000)	113.69 *** (0.0000)	157.25 *** (0.0000)	55.67 *** (0.0000)

注：***、**、* 分别表示估计值在1%、5%和10%的置信水平上显著异于0；与系数估计值对应的括号内为稳健标准误，与检验值对应的括号内为相伴概率；为节约篇幅，未报告个人、家庭、城市和地区固定效应控制变量的估计结果。

二 代际差异

现有的大量研究表明，随着农民工的代际分化，不同年龄段的农民工在就业、消费、定居等诸多经济社会行为上都表现出了明显的代际特征，有鉴于此，我们考虑住房对农民工就业稳定性影响的代际差异。根据较为常见的年龄段划分方法，本章将农民工样本分为16—29岁、30—45岁、46—65岁三个年龄段[①]，仿照现有研究的提法，我

---

① 本章同时尝试了16—29岁、30—45岁、46—60岁三个年龄段的划分，实证结果与上述划分没有明显差异。

们可以分别将其简称为新生代、中生代和老生代农民工。从表 4 - 10 模型（1）—模型（3）的对新中老三代农民工样本的估计结果可以看出，自有住房对三个年龄段农民工的就业稳定性均产生了明显的正向影响，但是比较其系数大小我们会发现，住房对于中生代农民工就业稳定性的影响最大，对其他两个年龄段农民工的影响要相对较小。当然，利用系数估计值的直观比较无法确定其差异是否在统计意义上显著，因此，我们设置"年龄是否小于 30 岁"和"年龄是否小于 46 岁"两个相应的年龄节点，并引入住房产权和相应年龄节点的交叉项，分别利用 16—45 岁和 30—65 岁的农民工样本进行回归的结果如表 4 - 10 模型（4）—模型（5）所示，从两个模型交叉项系数的估计结果可以看出，与中生代农民工相比，住房对新生代农民工就业稳定性的影响明显更小；而与老生代农民工相比，住房对中生代农民工就业稳定性的影响明显更大。由此可见，住房状况对农民工就业稳定性影响的代际差异确实是存在的。

表 4 - 10　　年龄异质性：住房对农民工就业稳定性影响的代际差异

	（1）	（2）	（3）	（4）	（5）
变量	16—29 岁	30—45 岁	46—65 岁	16—45 岁	30—65 岁
自有住房	0.0696 *** (0.0142)	0.1575 *** (0.0141)	0.0920 *** (0.0313)	0.1615 *** (0.0134)	0.0932 *** (0.0292)
自有住房 × 年龄节点				− 0.0937 *** (0.0181)	0.0658 ** (0.0315)
年龄节点				0.0122 (0.0142)	0.0030 (0.0244)
个人和家庭 特征变量	控制	控制	控制	控制	控制
城市特征变量	控制	控制	控制	控制	控制

续表

	（1）	（2）	（3）	（4）	（5）
地区固定效应	控制	控制	控制	控制	控制
观测值	15360	17300	5477	32660	22777
F 检验值	71.40*** (0.0000)	42.61*** (0.0000)	7.99*** (0.0000)	209.59*** (0.0000)	47.45*** (0.0000)

注：***、**、*分别表示估计值在 1%、5% 和 10% 的置信水平上显著异于 0；与系数估计值对应的括号内为稳健标准误，与检验值对应的括号内为相伴概率；为节约篇幅，未报告个人、家庭、城市和地区固定效应控制变量的估计结果。

第六节　结论与政策启示

本书利用 2017 年中国流动人口动态监测数据与地级行政区域宏观统计数据相合并构成农民工研究数据库，探索了住房状况对农民工就业稳定性的影响。首先，本章基准模型和工具变量模型的估计结果均表明：在打工所在城市拥有住房的农民工，其就业稳定性显著更高。其次，通过对房奴效应、心理认同效应和社会资本积累效应三个方面可能的影响机制的观察发现：偿还住房贷款的压力使拥有住房的农民工并不倾向于频繁换工作；有房农民工从心理上更认同自己是城市人，同时也更愿意进行社会资本积累，这些机制均增强了其就业稳定性；此外我们还发现，房价上涨对有房农民工带来的财富效应并不会显著影响其就业稳定性。最后，本章从住房类型和代际差异角度探讨了可能的异质性，实证结果发现：从住房类型分析，入住政府公租房和单位（雇主）住房者的就业稳定性明显高于租住私房者，而居住临时居所者的就业稳定性最低；从代际差异方面分析，住房状况对中生代农民工（30—45 岁）的就业稳定性影响最大，对新生代（16—29 岁）和老生代（46—65 岁）农民工就业稳定性的影响相对较小。

其他解释变量的系数估计值也是基本显著的：男性农民工的就业稳定性高于女性；就业稳定性会随着年龄的增加而增加，但是在年龄达到51岁左右时会随着年龄的增加而下降，从而呈现典型的倒"U"形变化；汉族、中共党员和受教育程度更高的农民工就业稳定性明显更高；个人工资和家庭收入对农民工就业稳定性也存在显著的正向影响。

本书可能的贡献在于，从住房市场的角度，揭示了住房产权对农民工就业稳定性的正向影响，同时也发现，入住政府公共住房和单位/雇主住房对农民工的就业稳定性也存在明显的积极影响。本章的研究结论不仅对提高农民工就业稳定性、推进我国新型城镇化和产业现代化发展具有现实意义，而且对中国城市住房保障体系的完善也具有一定的政策启示。为了提高农民工的就业稳定性，完善城市住房保障体系，第一，通过政策优惠支持有条件且有意愿的少部分农民工获得城市住房；第二，对于大部分无力购房的农民工，适当降低公共住房门槛，帮助农民工入住政府公租房；第三，通过税收等政策优惠鼓励用工单位和雇主为农民工提供稳定的单位住房；第四，加强棚户区和城中村改造，改善农民工临时住房条件；第五，在重视农民工城市住房问题的基础上，要特别关注中年农民工及其家庭的住房需求。

第五章　城市住房产权、工作满意度与定居意愿

　　上一章我们探讨了城市住房状况对农民工工作稳定性的影响，实证结论证实了拥有城市住房对工作稳定性的积极影响。本章我们进一步探索城市住房产权对工作满意度乃至农民工定居意愿的影响，尝试回答在当今的中国城市"安居"是否真的可以"乐业"，拥有住房是否可以通过提高工作满意度来增强农民工定居意愿的问题。

　　中国自古以来就有"安居乐业"的说法。"安于所居，乐于所业"不仅体现了古往今来的社会治理者对社会安全稳定发展最基本的要求，也承载着中国人和对住房和就业这两大民生问题最美好的期许。可以说，"安居乐业"体现了中国人对生活幸福的终极追求。改革开放40多年以来的时间里，中国经济高速增长，已在2010年正式成为全球第二大经济体，人民的收入水平、生活质量和人均寿命均有了大幅度的提高。然而，物质条件的极大丰富并不意味着幸福感的同比例提高，联合国近年公布的《全球幸福报告》指出，虽然经济增长成效显著，但是当今中国被调查者的主观幸福感在最近20多年的时间里却出现了停滞，甚至近三年的主观幸福指数排名还出现了下滑的趋势。这一现象并非中国独有，早在20世纪，美国学者Easterlin（1974）发现，虽然"二战"以后美国人的财富和收入水平有相当明

显的增长，但是其幸福感并没有相应地提高，这一发现被后来的学者称为"幸福—收入悖论"。受这一发现的启发，不少学者探索了财富和收入对主观幸福感的影响，作为财富象征的住房对幸福感的影响自然成为学者关注的重点。多数研究发现，拥有住房产权对个人的主观幸福感存在明显的正向影响（Kingston 和 Fries，1994；Dietz 和 Haurin，2003；Bucchianeri，2009；李涛等，2011；林江等，2012；孙伟增等，2013）。

然而，幸福感指标并不是完美的。正如一些批评指出，由于幸福感的主观性，目前对于幸福感除了被调查者的主观态度以外没有更好的测量，很难反映社会制度或宏观环境的客观变化；而且，对于一般的被调查者来讲，由于主观幸福感指标较为笼统，容易产生失真，因此有学者指出，与传统的幸福感指标相比，"获得感"强调实实在在的"得到"，是比"幸福感"更优的社会发展衡量标准（郑风田和陈思宇，2015）。近年来中央文件也多次强调要"让人民群众有更多获得感"。那么，如何衡量获得感？何为"实实在在的得到"？本书认为，没有比从工作和劳动中取得的满意度更有获得感，工作满意度是获得感的一个相当理想的衡量指标。根据这一思路，本章利用中国劳动力动态调查数据，重点从"自有产权""家庭产权""不用租房""多套住房"等维度探索了住房产权对劳动者工作满意度乃至农民工定居意愿的影响，并将劳动者的工作满意度分解为工作收入、工作时间、工作环境等多个方面进行了深入观察，研究发现，以拥有住房产权为特征的"安居"并不一定会使劳动者更加"乐业"：拥有多套住房的劳动者表现出了更高的工作满意度，但是对于大量仅拥有一套住房的劳动者来说，不论是自己或配偶、家庭成员还是其他亲友拥有现居住房的产权，均会对劳动者的工作满意度产生负面影响。为什么一套住房者工作满意度更低？我们对住房产权影响工作满意度的可能机制进行的观察发现，人均居住面积的增加能提高劳动者的工作满意度，但是这种正向影响并不会因为产权状况不同而不同；住房贷款所带来的房奴效应对一套房者的工作满意度产生了负面影响；房价上涨为有房者带来的财富效应增加了多套住房者的工作满意度，但使仅拥有一套住房的劳动者的工作满意度降低了。可见，偿还房贷的压力和房价上涨引起的工作机会成本的提高最终导致仅拥有一套住房者的工作满意度降低。最后，通过对工作满意度的分解我们发现，多套住房者对工作收入、工作时间和工作环境的满意度均高于其他人，而与无房者相比，拥有一套住房者对工作时间和工作环境的满意度更低，对工作收入的满意度没有明显差异，主观的工作满意度实际上体现了多套房者、一套房者和租房者在就业方面的客观差异。

本章可能的边际贡献有以下几个方面。第一，从住房对人的主观情绪的影响方面，当前研究多关注住房对幸福感的影响，但这一指标往往过于笼统，被调查者不一定能够全面而准确地把握，实际的调查结果往往容易出现偏差，而本章选取的工作满意度指标虽然也是主观指标，但是与幸福感指标相比，工作满意度指标显然更为具体，也更容易被调查者所理解；同时，本章还将工作满意度分解为工作收入、工作时间、工作环境等多个更实际的方面，利用主观指标和客观指标估计结果的对比也发现，本章发现的不同群体的工作满意度诸项指标基本上反映了其客观差别。第二，作为两大重要民生问题，当前国内对住房与就业的联系问题的关注尚不多，有部分研究，其视角主要集中在住房产权对失业和工资等的影响、公共住房对失业和劳动力退出的影响等，住房对劳动者工作满意度等主观态度方面的研究尚无人涉及，本章关于住房产权与劳动者工作满意度的探索有望丰富这一领域的研究。第三，自中央文件更加强调"获得感"这一指标以后，近来的不少研究对"获得感"进行了理论上的讨论，而相关的实证探索较为匮乏，本章从工作满意度的角度来观察获得感，可以看作"获得感"指标在就业领域的一个定量化的探索。

第一节　文献综述和理论分析

就业乃民生之本，住房是安身立命的物质基础，住房和就业越来越成为全社会最为关注的两个重要问题。当前学界关于住房问题和就业问题的研究已经相当丰富，但是对住房与就业市场的联系问题的关注尚比较有限，现有研究的视角主要集中于住房对失业和工资等因素的影响，居住与就业的空间匹配两个方面。

一方面，有大量学者关注了住房对失业和工资等问题的影响。以Oswald（1996）为代表的学者最早发现了住房自有率对失业率的影响：住房自有率的上升会引起失业率的增加。随后的一些研究利用多国样本得出了与Oswald（1996）相似的结论（Nickell，1998；Peh-konen，1999；Belot 和 van Ours，2001；Green 和 Hendershott，2001）。然而，早期研究并没有考虑到住房产权与失业之间的内生性问题，后来的学者通过较为严谨的模型设定对可能的内生性问题进行了控制，但是大多数研究却发现了与前期的大量研究相反的结论。例如 Garcia 和 Hernandez（2004）采用西班牙宏观数据进行的研究发现，10% 的住房自有率上升将使失业率下降约 2%；Munch 等（2006）利用丹麦的微观样本进行的研究发现，拥有住房确实降低了劳动者的流动性，但是并没有增加其失业的概率，同时他们还发现，拥有住房的劳动者更倾向于在离家更近的劳动力市场就业。随后，Munch 等（2008）与

Coulson 和 Fisher（2009）的研究进一步涉及了住房自有对工资率的影响，他们均发现，自有住房的劳动者更不容易失业，由于持有更低的保留工资，他们更易于接受较低的工资。此外，也有一些研究关注了公共住房对劳动者失业和劳动力参与等因素的影响（Dujardin 和 Goffette-Nagot，2009；刘斌和幸强国，2013）。

另一方面，一些学者关注了中国城市居住和就业的空间匹配问题。该研究方向重点关注中国城市在高速发展中所产生的居民就业和居住空间的不匹配以及如何缓解该问题所带来的交通拥堵、环境污染等"城市病"问题。比较有代表性的研究有周素红等（2010）对广州市保障房社区居住与就业空间不匹配现象的探索；郑思齐和曹洋（2009）、郑思齐和孙聪（2011）对北京市"职住分离"现象影响机理的分析等。

住房作为一项重要的物质资产，与家庭的微观行为和幸福感密切相关。西方学者广泛研究了住房产权对家庭的劳动力参与、资产组合与财富积累、社会活动参与、健康状况、子女教育、生活质量和生活满意度等在内的诸多变量的潜在影响（Kingston 和 Fries，1994；Nettleton 和 Burrows，1998；Haurin 等，2002；Dietz 和 Haurin，2003；Bucchianeri，2009；Davies 等，2011）。大部分研究认为，住房产权对家庭生活质量和满意度等诸多变量存在正向影响，比较有代表性的研究有：Haurin 等（2002）关注了自有住房对于儿童教育的影响，他们发现，自有住房家庭的儿童比租房家庭的儿童具有更好的家庭环境、更强的认知能力和更少的行为问题。Bucchianeri（2009）观察了自有住房对于家庭生活方式的影响，研究发现，自有住房家庭在娱乐活动中花费的时间更少，而且在生活满意度和整体情绪上，拥有住房产权者比租房者更幸福。Rohe 和 Stegman（1994）研究发现，自有住房者在社区活动、政治参与和邻里交往等方面更加活跃。然而也有研究指出，虽然获得住房产权能使家庭更具满足感和安全感，但是如果房产的获得是通过大量借贷完成的，那么，家庭背负的沉重债务会使其幸福感降低（Davies 等，2011）。

国内关于住房与主观幸福感的研究起步较晚，但最近几年关于住房产权与幸福感的研究大量出现。比较有代表性的研究有：李涛等（2011）从流动性约束和预防性储蓄角度探讨了住房产权对主观幸福感的影响，他们发现，拥有产权住房能够显著提高居民的幸福感，但拥有小产权住房对幸福感没有影响；多套住房为预防性储蓄动机更强和受到更多流动性约束的家庭带来的幸福感提升与首套房没有明显不同，为预防性储蓄动机较弱和受流动性约束更低的家庭带来的幸福感提升的边际作用呈递减趋势。张翔等（2015）从住房的投资属性和居住属性方面探讨了住房产权对居民幸福感的影响，研究发现，住房产权、住房价格等资产属性的变化对居民主观幸福感的影响并不显著，但是房间数目、人均使用面积和已使用年限等居住属性对居民的主观幸福感存在明显的正向影响。值得一提的是，他们的研究还发现，对拥有多套住房的家庭来讲，第二套及以上住房对家庭幸福感的提升既不来源于住房的居住属性，也不来源于其投资属性。此外，王敏（2019）的研究涉及住房对社会阶层认同与幸福感的影响，研究发现，拥有住房产权对城镇居民社会阶层认同与幸福感皆存在显著的正向效应，同时，住房产权对 50 岁到 70 岁之间的城镇居民的主观幸福感的影响最大。

除了关注住房产权对幸福感的影响以外，也有学者关注了房价、居住模式等因素对幸福感的影响。例如林江等（2012）的研究发现，房价的上涨会降低居民的主观幸福感，但是对于拥有住房产权的居民来说，房价上涨会增加其幸福感，而且房价上升对拥有多套房产者的幸福感的正向效应显著高于拥有一套住房的居民；祝仲坤和冷晨昕（2017）考察了住房类型对农民工主观幸福感的影响，他们发现，居住在非正规住所的农民工幸福感最低，分散居住和集中居住农民工的幸福感更高，而居住在自建或自购住房中的农民工幸福感最强。

现有的国内外研究对住房产权与主观幸福感进行了较为有益的探索，取得了大量的研究成果。然而，由于幸福感指标较为主观且过于宽泛，对于一般的被调查者而言不一定能够全面而准确地把握，实际的调查结果往往可能存在偏差和失真，易导致系统性偏误。近年来有学者指出，与传统的幸福感指标相比，"获得感"强调实实在在的"得到"，是比"幸福感"更优的社会发展衡量标准（郑风田和陈思宇，2015）。那么，如何衡量获得感，何为"实实在在的得到"？本章认为，包括工作收入、工作时间、工作环境等因素在内的工作满意度指标是衡量获得感的一个更为具体，也较为理想的衡量指标。实际上，关于工作满意度的研究一直为组织心理学和组织行为学所重视，上述学科多关注收入、人际交往、个人特征、心理特征、家庭环境等对工作满意度的影响（Hulin 和 Smith，1965；Majumdar 等，2004；钱文荣和张黎莉，2009；才国伟和刘剑雄，2013；于潇和陈世坤，2019等），但是涉及住房因素的研究较为匮乏。

根据现有关于住房对主观幸福感的影响研究以及对劳动者工作满意度的诸多影响因素的研究结论，有理由相信，住房产权也可能会对劳动者的工作满意度产生影响。本章总结了住房产权对劳动者工作满意度的可能的影响机制。

第一，房奴效应。拥有产权住房的劳动者，由于住房对流动性的限制，为了节约通勤成本，劳动者更易于接受离居住地更近的工作，并接受更低的工资（Munch 等，2006；2008）；同时，劳动者在购房后可能存在的偿还贷款压力，使得他更不能承受长期的工作搜寻而易于接受工作收入、工作时间和工作环境都更不理想的工作。不够理想的工作和沉重的还贷压力之间的矛盾可能会降低劳动者对工作的满意度。

第二，财富效应。房价的上涨会使拥有住房的劳动者房产价值增加而产生所谓的财富效应，这可能对有房者的工作满意度产生两方面的作用：一方面，房产价值的增加使有房者尤其是有多套住房者的财富增长，财富方面的相对自由可能使劳动者在工作选择方面也相对自由和宽松，因此导致有房者的工作满意度更高；但是另一方面，房价上涨使得有房者财富增加，这同时意味着有房者工作的机会成本的提高，这可能强化有房者认为靠工作赚钱不如买房赚钱的心理，从这个角度来讲，财富效应也可能使得有房者的工作满意度更低。

第三，安居效应。现有研究发现，住房条件越好，劳动者的幸福感越强（张翔等，2015），可见，住房条件也可能会影响劳动者的工作满意度；同时，古语有云"有恒产者有恒心"，拥有住房可能给劳动者带来安全感和稳定的预期（Bucchianeri，2009），从而促使劳动者更加努力地工作，并增强其工作满意度。

遵循上述思路，本章主要使用 2016 年中国劳动力动态调查数据与宏观数据相匹配构建数据库进行建模分析，重点考察住房产权对劳动者工作满意度的影响，从房奴效应、财富效应和安居效应角度探索住房影响工作满意度的传导机制，并尝试将工作满意度分解为工作收入、工作时间、工作环境等多个具体方面，深入分析"安居"影响"乐业"的机制及其异质性。

第二节 模型设定、数据和变量选取说明

一 基准模型设定

为了研究住房对工作满意度的影响，参照现有研究的模型设定，我们用以下方程［式（5 – 1）］对本章的基准模型进行说明。

$$\text{prob}(Y_i = 1) = \beta h_i + \gamma X_i + \chi C_i + \eta D_i + \varepsilon_i \qquad (5 - 1)$$

其中，被解释变量 Y_i 表示工作满意度，为一个二值选择变量；h_i 是我们最关心的解释变量，代表住房产权变量（自有产权、家庭产权或不用租房）；X_i 为一系列个人和家庭特征变量；C_i 为一系列城市特征变量；D_i 为地区固定效应，我们建立各省级单位的虚拟变量来进行控制；ε_i 为随机扰动项，以表征不可观测变量的影响。

二 数据样本的选取

本章的微观研究样本来源于中国劳动力动态调查 2014—2016 年追踪调查数据。中国劳动力动态调查（China Labor-Force Dynamic Survey，CLDS）是由中山大学社会科学调查中心组织的一项跨学科的大型追踪调查项目，它以劳动力为主要调查对象，建立了涵盖劳动力个体、家庭和社区三个层面的追踪调查和横截面数据的综合性数据库。CLDS 数据在国内率先采用了轮换样本追踪方式，能较好地适应中国剧烈的环境变迁，又同时兼顾了横截面调查的特点和优点。该数据库重点关注劳动力的教育、就业、劳动者权益、职业流动、职业保护与健康、职业满足感和幸福感等指标的现状和变迁过程。同时，该数据也对劳动力所在社区的经济和社会发展、劳动力所在家庭的多项经济学和人口统计学指标进行了追踪调查。本章主要使用的 2016 年 CLDS

样本覆盖了全国 29 个省市 401 个村居 14226 户家庭的 21086 个个体,具有较好的代表性。同时,本章还采用了各地级市上年地区生产总值增长率、空气质量、土地供应、住房价格、住房自有率等宏观变量与微观数据相匹配,这些宏观数据分别来源于相应年份的《中国国土资源统计年鉴》《中国城市统计年鉴》、第六次人口普查分县调查数据等,下文会有较为详细的说明。鉴于本章的研究对象,我们仅保留了年龄在 15—65 岁之间,2015 年以来有过工作经历的城市居民样本,同时对缺失数据和异常值进行了清洗,经过数据合并和清洗以后,本章使用的最大数据样本覆盖了全国 29 个省市 76 个地级市 171 个城市社区共 4705 个观测值。

三 被解释变量的选取

为研究住房产权对劳动者工作满意度的影响,本章选取劳动者对工作的整体满意度评价作为主要被解释变量。在 CLDS - 2016 调查问卷中有关于劳动者当前或最近一份工作的整体满意度调查,劳动者的回答包含"非常满意""比较满意""一般""不太满意""非常不满意"五个选项,为了便于建立灵活的模型进行观察,我们令选择"非常满意"和"比较满意"的样本为 1,"一般""不太满意""非常不满意"的样本为 0 构成劳动者工作满意度变量。当然,稳健性检验中我们保留了被解释变量的排序,采用有序 Probit 方法来验证模型结论的稳健性。除了工作整体满意度变量以外,我们还分别选取了劳动者对工作收入、工作环境、工作时间等方面的满意度评价作为被解释变量,以对劳动者工作满意度进行多层面的分解,这些变量结构与工作整体满意度变量类似。另外,在稳健性检验中,我们还选取了"是否经常感到工作压力大"(是 = 1,否 =

0）等负向指标作为被解释变量。

四 主要解释变量的选取

1. 住房产权变量

本章的核心解释变量为劳动者的住房产权状态变量。借鉴现有研究（孙三百，2018）的划分，本章主要采用三个维度的住房产权变量：第一个维度为自有产权，如果现居住房的所有权由本人或者配偶所有则为1，否则为0；第二个维度是家庭产权，即现居住房的所有权由包括自己和配偶在内的任一家庭成员所有则为1，否则为0；第三个维度范围最宽泛，为无须租房，即只要现居住房的产权由包括自己在内的家庭成员、其他亲友、单位或雇主所有，本人无须自己租房，则为1，否则为0。这三个维度住房产权的范围不断扩大，能够较为全面地刻画住房产权对工作满意度的影响。此外，在关注拥有一套住房和多套住房的劳动者的差异时，我们还多次使用了"多套住房"变量，如果劳动者的家庭除现居住房以外还拥有其他住房的产权则为1，否则为0。

2. 控制变量

为了对影响工作满意度的变量进行控制，我们参考现有研究，同时控制了个人特征、家庭层面和地区层面等诸多因素的影响，此外，对于幸福感、工作满意度之类的主观指标，需要考虑到个人的性格情绪等方面变量的影响，因此我们在控制变量中专门增加了一组衡量身心健康和心理状态的变量。具体而言，本章控制了年龄、年龄平方、性别、婚姻状况、中共党员、本地户口、个人收入对数、家庭年收入对数、受教育程度（虚拟变量组，小学及以下，初中，高中，大专，大学及以上）、工作类型（虚拟变量组，国家机关及国有企事业单位，私有企业，自治和社会组织，个体户自由职业者）等个人和家庭特征变量以及情绪问题（经常有情绪问题＝1）、宗教信仰（有宗教信仰＝1）、健康状况（自评健康＝1）等个人身心健康变量；同时控制地区人均 GDP 增长率、空气质量等城市特征变量；并引入省区虚拟变量来对省市层级的固定效应进行控制。

　　3. 工具变量

　　为了削弱本章的核心解释变量住房产权和工作满意度变量之间的内生性，借鉴现有研究，我们选取了两种类型的工具变量。第一类，我们选取早些年份的土地供应变量，借鉴张巍等（2018）的处理方法，利用从 2003 年开始的中国土地政策变化的外部冲击所导致的城市土地供应量的增减构建了一个土地供应份额变量作为本章住房产权的工具变量；第二类，我们利用第六次全国人口普查分县数据计算得到各个地区的住房自有率，以该变量作为被调查者住房产权状态的工具变量。关于工具变量选取方法的详细介绍及其合理性的探讨详见实证研究部分。

五　主要变量描述性统计

　　表 5－1 是本章的主要被解释变量和核心解释变量的描述性统计结果。

表 5－1　　　　　　　　主要变量选取说明和描述性统计

变量		说明	观测值	均值	标准差	最小值	最大值
主要被解释变量	工作整体满意度	0—1 变量，非常满意、比较满意＝1；其他＝0	4653	0.5631	0.4961	0	1

变量		说明	观测值	均值	标准差	最小值	最大值
主要被解释变量	工作收入满意度	0—1变量，非常满意、比较满意=1；其他=0	4705	0.3384	0.4732	0	1
	工作时间满意度	0—1变量，非常满意、比较满意=1；其他=0	4705	0.5078	0.5000	0	1
	工作环境满意度	0—1变量，非常满意、比较满意=1；其他=0	4705	0.5401	0.4984	0	1
核心解释变量	住房产权：自有产权	0—1变量，现居住房由自己或配偶所有=1；其他=0	4705	0.6397	0.4801	0	1
	住房产权：家庭产权	0—1变量，现居住房由家庭成员（包括自己和配偶）所有=1；其他=0	4705	0.7430	0.4370	0	1
	住房产权：不用租房	0—1变量，现居住房由家庭成员、其他亲友、单位或雇主所有，本人无须租房=1，其他=0	4705	0.7796	0.4146	0	1
	住房产权：多套住房	0—1变量，家庭除现居住房外还有其他产权房屋=1，其他=0	4705	0.1611	0.3677	0	1

注：为节约篇幅，未报告多个层面的个人、家庭、地区及省区控制变量。

第三节　安居是否真的乐业：实证分析

一　住房产权对工作满意度的影响：基准模型

为了研究住房产权对工作满意度的影响，我们以工作整体满意度变量为被解释变量，分别以自己和配偶拥有住房产权（自有产权）、任意家庭成员拥有住房产权（家庭产权）以及亲友或雇主拥有住房产权（不用租房）作为核心解释变量，同时控制了年龄、年龄平方、性别、婚姻状况、中共党员、本地户口、个人收入对数、家庭年收入对数、受教育水平、工作类型等个人和家庭特征变量，情绪问题、宗教信仰、健康状况等个人身心健康变量，人均 GDP 增长率、空气质量等城市特征变量，以及省区固定效应等多个层面可能的影响因素建立 Probit 模型如表 5 - 2 所示。从表 5 - 2 模型（1）—模型（3）分别以自有产权、家庭产权、不用租房等三个层面的住房产权核心解释变量系数的估计结果可以看出，住房产权对工作满意度的影响均无法拒绝系数估计值等于 0 的原假设。当然，需要指出的是，表 5 - 2 中的 Probit 模型没有考虑到模型设定中可能存在的内生性问题，下一部分会对此进行详细的考虑和控制。

表 5 - 2　　　　　　住房产权对工作满意度的影响：Probit 估计

变量	（1）自有产权	（2）家庭产权	（3）不用租房
住房产权	0.0393 (0.0451)	0.0501 (0.0522)	0.0577 (0.0535)
个人家庭特征	Y	Y	Y
个人身心健康	Y	Y	Y
城市特征变量	Y	Y	Y
省区固定效应	Y	Y	Y
观测值	4648	4648	4648
Wald chi2	326.1	326.6	326.7
likelihood	− 3007.7	− 3007.6	− 3007.5
Pseudo R^2	0.0554	0.0555	0.0555

注：***、**、*分别表示估计值在 1%、5% 和 10% 的置信水平上显著异于 0；括号内为稳健标准误；为节约篇幅，未报告多个层面的个人、家庭、地区及省区控制变量。

二　住房产权对工作满意度的影响：考虑内生性的双变量 Probit 模型

上文虽然尽可能地引入了多个层面的控制变量以削弱遗漏变量等

因素引起的内生性问题，然而，由于工作满意度和住房产权变量可能存在的双向影响，本章的基准模型依然有可能受内生性问题的干扰。按照前文理论分析部分的讨论，拥有住房产权可能会对劳动者的工作满意度产生影响；但同时，工作满意度更高的劳动者也更有可能对未来产生稳定的预期，从而更愿意买房而不是租房，这可能导致基准模型估计结果产生向上的偏误。虽然现有关于住房产权对幸福感的影响研究中基本是通过尽可能地增加可以观测的控制变量来解决内生性问题的（张翔等，2015），但是从理论上来说，由于我们不可能穷尽所有影响幸福感、工作满意度方面的因素，由此产生的遗漏变量问题依然可能导致模型存在内生性问题。因此，我们接下来考虑利用合适的工具变量来控制内生性问题。

1. 工具变量选取说明

目前以中国为样本的住房研究（尤其是房价方面的研究）的工具变量选取办法可以分为两类。第一类多利用中国政府土地供应划拨和出让制度的特点，选取与土地供应相关的变量作为工具变量，其逻辑是：一方面，由于土地是房地产市场的关键投入要素，土地供应的大小将直接对房价乃至住房产权产生影响，土地供应越紧张，房价越高（陈斌开和杨汝岱，2013 等），家庭买房更困难，住房自有率也越低；另一方面，中国长期以来对土地使用实行严格的用途管制和耕地保护制度，各城市每年的土地供应由中央和省级政府根据《土地利用年度计划管理办法》进行严格规划和管制①，因此，土地供应往往被看作外生的（陆铭等，2015 等）。利用这一思路，现有研究多采用上一年的人均土地出让面积（陆铭等，2015）、住宅用地供给面积（张莉

---

① 关于中国土地的划拨、出让、租赁和其他供应形式的详细介绍以及土地供应变量作为住房工具变量的合理性，陆铭等（2015）对此有相当细致的讨论。

等，2017)、房屋竣工面积（葛玉好和张雪梅，2019）等类似变量作为房价等住房变量的工具变量①；另外，也有研究利用 2003 年中国土地政策变化的外部冲击所引起的城市土地供应量的变化构建了更为精巧的工具变量（Han 和 Lu，2017；张巍等，2018）。从理论上来说，该种类型的工具变量作为本章住房产权变量的工具变量也是合适的，一方面，土地供应紧张推高房价，家庭拥有住房产权也更为困难；另一方面，对于本章的被解释变量来讲，目前没有研究证明个人的工作满意度会影响由上级政府管控的土地供应变量。

第二类方法多采用更高地区层级的住房特征变量作为个体住房变量的工具变量，对于住房产权变量来说，经常被使用到的工具变量是地区住房自有率和公共住房覆盖率。这类工具变量的可行性基于如下的逻辑：某地区的住房自有率或公共住房密集程度会影响家庭选择拥有住房或者租住公共住房的概率，而地区住房自有率或公共住房密集程度并不会直接影响个人的就业状况。例如，van Leuvensteijn 和 Koning（2004）与 Munch 等（2006、2008）关于住房产权对失业概率的影响研究中，均采用了地区住房自有率作为家庭住房产权的工具变量。类似地，在研究租住公共住房对失业的影响时，Dujardin 和 Goffette-Nagot（2009）、刘斌和幸强国（2013）均采用了家庭所在地区公共住房数量占整个城市公共住房数量的比例作为个人住房状态的工具变量。可见，这一类工具变量也适用于本章的住房产权变量。

借鉴现有研究并结合本章的数据特点，正文中同时采用上述两类工具变量：一方面，我们借鉴张巍等（2018）利用中国土地政策变化所导致的城市土地供应量的增减，构建城市土地份额虚拟变量作为工

---

① 需要指出的是，个别研究所采用的工具变量的外生性条件不一定是符合的。

具变量[①]；另一方面，我们借鉴 van Leuvensteijn 和 Koning（2004）与 Munch 等（2006、2008）的研究思路，选取第六次全国人口普查数据中各地级市住房自有率变量作为工具变量[②]。在稳健性检验中，我们采用上年各城市市辖区的人均土地出让面积和新增出让面积等变量作为工具变量进行稳健性检验。

本章关于工具变量外生性和相关性的初步检验结果如表 5 - 3 所示。从表 5 - 3 模型（1）关于工具变量外生性的检验结果可以看出，在同时控制了多个层面的解释变量以后，地区住房自有率变量和土地供应份额变量对工作满意度的影响无法拒绝其系数等于 0 的原假设，这表明两个变量的外生性条件是满足的；从表 5 - 3 模型（2）—模型（4）分别以自有产权、家庭产权和不用租房等三类住房产权变量为被解释变量的模型估计结果来看，地区住房自有率和土地供应份额变量均对住房产权变量产生了显著的影响，地区住房自有率对个人拥有住房产权的概率产生了显著的正向影响，土地供应份额的减少对个人拥有住房的概率产生了明显的负向影响，这均符合前文的理论探讨。根据表 5 - 3 的估计结果我们初步判断，本章采用的两个工具变量基本

---

　　① 该工具变量构造的具体思路是：以往中央政府在土地供应上更侧重沿海城市的发展，从 2003 年开始，土地供应政策出现了结构性的变化，中央政府的建设用地配额开始向内陆城市倾斜，对后来东中西部城市的房价产生了深远影响（陆铭等，2015）；Han 和 Lu（2017）认为这一政策冲击提供了一个准自然实验环境，可以识别不同城市的房价影响。因此，可以以 2003 年为界，根据 2003 年前后各城市土地供应份额的变化将其分成两个组：2003 年后土地供应份额相对 2003 年之前下降的组和 2003 年后土地平均供应份额相对于 2003 年之前上升的组；令土地份额下降的城市为 1，反之为 0，便可以构建一个土地份额变量作为房价的工具变量。更为详细的介绍可以参考 Han 和 Lu（2017）以及张巍等（2018）。

　　② 第六次全国人口普查分县数据涉及了全国各个县市级城市的住房数据，依据该次普查测算的地区住房自有率数据应该是当前较为全面和权威的调查结果，虽然该数据距本书样本数据调查年份有数年的滞后，但是由于宏观的土地、住房等变量对个人行为决策的影响往往也具有滞后性，因此，根据现有研究以及下文的工具变量检验结果，有理由相信，该变量依然对调查年份的住房市场产生了深远的影响。而且，选择较远年份工具变量的一个很大的优势在于，避免了被解释变量和工具变量之间可能存在的相互影响，外生性条件更可能满足。

是适合的,当然,后文还将在工具变量模型估计中对这两个变量进行弱工具变量检验和过度识别检验。

表 5 – 3   工具变量外生性和相关性检验

变量	(1) 工作满意度	(2) 自有产权	(3) 家庭产权	(4) 不用租房
地区住房自有率	– 0. 2589	1. 3180 ***	1. 4341 ***	0. 6850 ***
	(0. 1599)	(0. 1759)	(0. 1781)	(0. 1803)
土地供应份额	0. 0558	– 0. 1420 **	– 0. 1654 **	– 0. 1812 ***
	(0. 0559)	(0. 0646)	(0. 0686)	(0. 0684)
个人家庭特征	Y	Y	Y	Y
个人身心健康	Y	Y	Y	Y
城市特征变量	Y	Y	Y	Y
省区固定效应	Y	Y	Y	Y
观测值	4589	4641	4641	4641
Wald chi2	321. 97	1123. 79	1186. 74	955. 5
Likelihood	– 2971. 2	– 2141. 7	– 1907. 6	– 1840. 3
Pseudo R^2	0. 0552	0. 2344	0. 2817	0. 2513

注:***、**、*分别表示估计值在1%、5%和10%的置信水平上显著异于0;括号内为稳健标准误;模型(1)—模型(4)的被解释变量分别为工作满意度、自有产权、家庭产权和不用租房变量;为节约篇幅,未报告多个层面的个人、家庭、地区及省区控制变量。

2. 工具变量估计结果

本章以地区住房自有率、地区土地供应份额的历史变化变量为工具变量,利用 ERMs(Extended Regression Models)工具对上文基准模型进行工具变量估计,模型结果如表 5 – 4 所示。[①] 从表 5 – 4

----

① 由于本书基准模型的被解释变量和内生解释变量均为二值选择变量,利用传统的 ivprobit 估计方法可能是有偏的,因此,本书利用 Stata15 新增的专门处理内生性问题的 ERMs 命令模块对这一问题进行了有效的处理,具体地,此处本书采用了模块中的 eprobit 命令和相关选项构建了一个双变量 Probit 模型(probit – probit),除了该方法外,下文还根据被解释变量的不同采用了 eregress 和 eoprobit 等方法及选项构建了相应的内生性模型组合。

的利用 eprobit 命令得到的双变量 Probit 模型估计结果可以看出，在利用工具变量法控制了反向因果等内生性问题可能导致的向上偏误以后，自有产权、家庭产权和不用租房三个维度的住房产权变量的系数估计结果均显著为负。这表明，拥有住房产权使得劳动者的工作满意度降低了，而且，从不用租房、家庭产权到自有产权，随着住房产权拥有程度的加深，这种负向关系的显著性似乎有明显提高的趋势。其他解释变量的系数也是基本显著的：随着年龄的增加，劳动者的工作满意度呈现先减少后增加的"U"形变化趋势；男性的工作满意度明显低于女性；经常有情绪问题的劳动者的工作满意度更低；本地户口、中国党员、有宗教信仰、身体健康的劳动者的工作满意度明显更高；家庭收入更高的劳动者工作满意度更高；大专、大学及以上学历的劳动者的工作满意度更高；工作类型为自治和社会组织的劳动者工作满意度更高；地区经济增长对劳动者的工作满意度存在负面影响，空气质量对劳动者的工作满意度存在正向影响。同时，表格中的残差相关性检验结果表明，两阶段模型的残差存在明显的正相关性，如果以 Probit 模型来进行估计，确实会产生明显的向上偏误，本章 eprobit 模型的设定是恰当的。表 5 - 4 后两行利用 GMM 估计对工具变量进行了弱工具变量和过度识别检验，从检验结果可以看出，K - P Wald F 检验值足够大，说明我们不用担心模型存在弱工具变量问题①；Hansen-J 检验的相伴概率显示，无法拒绝工具变量与工作满意度变量无关的原假设，工具变量的外生性条件也是满足的。

---

① 根据 Staiger 和 Stock（1997）指出的一般经验，如果 F 检验值大于 10 则不用担心模型的弱工具变量问题。

表 5 – 4 住房产权对工作满意度的影响：双变量 Probit 工具变量估计

解释变量	（1）自有产权	（2）家庭产权	（3）不用租房
住房产权	– 0.5394 ** （0.2656）	– 0.4828 ** （0.2338）	– 0.5331 * （0.2948）
年龄	– 0.0249 * （0.0138）	– 0.0258 * （0.0138）	– 0.0246 * （0.0139）
年龄平方	0.0004 ** （0.0002）	0.0004 ** （0.0002）	0.0004 ** （0.0002）
性别	– 0.0830 ** （0.0388）	– 0.0849 ** （0.0389）	– 0.0865 ** （0.0389）
婚姻状况	0.0939（0.0680）	0.0777（0.0646）	0.0633（0.0633）
中国党员	0.2194 ***（0.0605）	0.2058 ***（0.0606）	0.2102 ***（0.0608）
本地户口	0.2140 *（0.1097）	0.2331 **（0.1167）	0.2394 *（0.1343）
个人收入对数	0.0046（0.0058）	0.0053（0.0058）	0.0057（0.0058）
家庭年收入对数	0.0700 ***（0.0198）	0.0684 ***（0.0192）	0.0642 ***（0.0189）
受教育水平	基准组：小学及以下		
初中	0.0674（0.0676）	0.0623（0.0676）	0.0646（0.0677）
高中	0.1212（0.0737）	0.1206（0.0739）	0.1226 *（0.0742）
大专	0.2523 ***（0.0859）	0.2573 ***（0.0869）	0.2590 ***（0.0878）
大学及以上	0.2998 ***（0.0909）	0.3140 ***（0.0934）	0.3130 ***（0.0943）
工作类型	基准组：国家机关和国有企事业单位		
私有企业	– 0.0469（0.0524）	– 0.0482（0.0527）	– 0.0496（0.0526）
自治和社会组织	0.1725（0.1071）	0.1947 *（0.1055）	0.1926 *（0.1051）
个体户自由职业者	– 0.0439（0.0627）	– 0.0356（0.0632）	– 0.0464（0.0637）
情绪问题	– 0.3285 ***0.1008）	– 0.3225 ***（0.1008）	– 0.3152 ***（0.0999）
宗教信仰	0.1425 **（0.0654）	0.1433 **（0.0655）	0.1432 **（0.0655）
健康状况	0.2129 ***（0.0446）	0.2233 ***（0.0435）	0.2288 ***（0.0432）
人均 GDP 增长率	– 0.0291 **（0.0144）	– 0.0302 **（0.0147）	– 0.0277 *（0.0146）
空气质量	0.0185 ***（0.0037）	0.0189 ***（0.0038）	0.0178 ***（0.0037）
省区固定效应	控制	控制	控制
残差相关性	0.3483 **（0.1579）	0.3126 **（0.1331）	0.3411 **（0.1665）
观测值	4589	4589	4589
Wald chi2	347	334.4	335.8
Likelihood	– 5399.8	– 4850.5	– 4782.2

解释变量	（1）自有产权	（2）家庭产权	（3）不用租房
K - P Wald F statistic	27.57	57.88	20.58
Hansen-J	0.145［-0.7033］	0.036［-0.8491］	0.038［-0.8448］

注：***、**、*分别表示估计值在1%、5%和10%的置信水平上显著异于0；圆括号内为稳健标准误，方括号内为相伴概率；本表模型的被解释变量均为工作满意度变量，工具变量为地区住房自有率和土地供应份额变化变量，下文除非特别说明，所有工具变量估计均采用了这两个工具变量；为节约篇幅，未报告多个层面的个人、家庭、地区及省区控制变量。

第四节　安居为什么并不乐业：住房影响工作满意度的机制分析

一　住房数量对工作满意度的异质性影响

与现有的大部分研究发现住房产权对个体存在正面影响不同，上文发现拥有住房产权对劳动者的工作满意度产生了明显的负面影响。为什么有房的劳动者反而工作满意度更低呢？我们首先考虑住房产权的异质性。虽然前文根据住房产权变量的范围，对其进行了由窄到宽三个维度的考察，但是并没有对拥有住房的数量进行考察：拥有多套住房的劳动者和只拥有一套刚需住房的劳动者的心理状态和行为模式可能是不同的。因此，为了考察住房数量对工作满意度影响的异质性，表5-5中我们将住房产权的拥有形式扩展为拥有多套住房和仅拥有一套住房两种类型重新进行工具变量 Probit 估计。模型（1）和模型（2）分别以所有劳动者和有房的劳动者（家庭产权）为观察样本，均以是否拥有多套住房代表家庭的住房产权变量，从模型的估计结果可以看出，家庭拥有多套住房的劳动者的工作满意度要明显高于其他劳动者，也高于只拥有一套住房的劳动者。模型（3）我们剔除了拥有多套住房的劳动者样本，以自有产权代表住房产权变量作为核心解释变量的估计结果表明，仅拥有一套住房的自有产权劳动者的工作满意度要明显低于非自有产权的劳动者①。

表5-5　　异质性影响：多套住房者和一套住房者的工作满意度

解释变量	（1）多套住房	（2）多套住房	（3）自有产权
住房产权	0.8705 ** （0.3707）	1.2460 ** * （0.2474）	-0.5935 ** * （0.2946）
个人家庭特征	Y	Y	Y
个人身心健康	Y	Y	Y
城市特征变量	Y	Y	Y
省区固定效应	Y	Y	Y
观测值	4589	3401	3838
Wald chi2	380.17	374.87	292.88
Likelihood	-3255.2	-4762.9	-4463.9

注：***、**、* 分别表示估计值在1%、5%和10%的置信水平上显著异于0；括号内为稳健标准误；本表模型的被解释变量均为工作满意度变量；为节约篇幅，未报告多个层面的控制变量以及以家庭产权和不用租房为核心解释变量的模型估计结果。

二　为什么唯一住房者并不乐业：对房奴效应、财富效应和安居效应的验证

上文的研究发现，安居者并不乐业的原因在于，在有房者中占绝大多数的仅拥有一套住房的劳动者的工作满意度要明显低于其他人。那么接下来的问题是，为什么唯一住房者的工作满意度更低？下面我

---

① 本书同时对只拥有一套住房的家庭产权者和不用租房者也进行了同样的回归，结论与表5-5模型（3）一致：仅有一套住房的家庭产权者和不用租房者的工作满意度均低于非家庭产权和需要租房居住的劳动者。为节约篇幅，估计结果未在表格中报告，下文也采用了类似的处理。

们尝试从住房产权影响工作满意度的可能机制来找原因。

1. 房奴效应

首先我们对前文理论分析中提出的房奴效应进行验证。上文关于自有产权、家庭产权和不用租房维度的工具变量模型结果均发现，住房产权对唯一住房者的工作满意度产生了明显的负面影响，在表5-6第2—4列中我们剔除在买房时有银行贷款的家庭[①]，重新对模型进行工具变量 Probit 估计，结果显示：剔除有住房贷款的家庭以后，住房产权对工作满意度的影响不显著了，这说明，上文中发现的住房产权对一套房者的工作满意度的负面影响中，确实有房奴效应的存在[②]。

2. 财富效应

为了验证住房产权对工作满意度影响的财富效应，表5-6第5列和第6列在模型中加入了住房产权（多套住房或自有住房）与房价变量的交叉项，并控制了住房产权和房价变量，结果表明：对于拥有多套住房的劳动者来说，多套住房产权与房价变量的交叉项显著为正，这说明房价上涨给多套房者带来的财富增加提高了其工作满意度；但是对于仅拥有一套住房的劳动者来说，自有住房与房价变量的交叉项显著为负，这表明房价上涨的财富效应降低了一套房者的工作满意度。结合前文理论分析中对财富效应方向的判断可以看出，对于多套住房者来讲，房价上涨使劳动者在财富方面更加自由，因此其在工作选择方面也相对宽松和自由，从而提高了其工作满意度；相反，对于唯一住房者来说，房价

[①] 需要指出的是，由于本书所采用的 CLDS 调查数据仅涉及个体买房时的贷款数额，并没有对个人住房贷款的月供等信息进行详细调查，同时由于家庭住房贷款数据存在大量的缺失，因此，本书采用了剔除有住房贷款样本的办法来验证房奴效应。

[②] 我们还对拥有多套住房的样本进行了同样的回归，结果发现，不论买房时是否有贷款，拥有多套住房对工作满意度的影响始终为正，这再次说明，房奴效应主要影响的是仅有一套刚需住房的家庭，为节约篇幅，表5-6中未报告。

的上涨增加了劳动者工作的机会成本，更强化了一套住房者认为辛苦工作不如买房的心理，因此导致了其工作满意度的下降①。

3. 安居效应

最后我们来验证住房产权和住房的居住属性对工作满意度的影响。我们选取了人均居住面积变量来表征住房的居住属性。表 5 - 6 第 7 列和第 8 列我们在模型中加入了住房产权（多套住房或自有住房）与人均居住面积变量的交叉项，并同时控制了住房产权和人均居住面积变量，从估计结果可以看出：不论是多套住房还是自有产权，两个模型中的交叉项系数估计值均不显著，但是人均居住面积的系数估计值均显著为正，这表明，人均居住面积对工作满意度确实产生了正向影响，但是这种正向影响并没有因为产权状况的不同而不同。至此我们可以较好地解释拥有一套住房的劳动者工作满意度更低的原因：首先，偿还住房贷款所带来的房奴效应对其工作满意度产生了负面影响；其次，房价上涨的财富效应并没有使一套房者的工作选择更加自由，反而由于工作机会成本的增加而强化了其对工作的负面心理；最后，住房条件的改善虽然可以增强劳动者的工作满意度，但是这种机制并没有因为产权状况的不同而不同。

表 5 - 6　　　　　　为什么唯一住房者并不乐业：对房奴效应、
财富效应和安居效应的验证

解释变量	房奴效应			财富效应		安居效应	
	自有产权	家庭产权	不用租房	多套住房	自有产权	多套住房	自有产权
住房产权	- 0. 5254	- 0. 4319	- 0. 2988	- 0. 4014	- 0. 0312	0. 0002	- 0. 5004
	(0. 3281)	(0. 2677)	(0. 3770)	(0. 6044)	(0. 5831)	(4. 2845)	(1. 2314)

①　关于多套房者和一套房者财富效应方向的不同，后文还从兑现和未兑现的财富效应角度进行了进一步解释。

续表

解释变量	房奴效应			财富效应		安居效应	
	自有产权	家庭产权	不用租房	多套住房	自有产权	多套住房	自有产权
房价				-0.0697 *** (0.0135)	0.0351 (0.0360)		
人均居住面积						0.0031 ** (0.0014)	0.0125 ** (0.0052)
产权×房价				0.2541 *** (0.0643)	-0.1346 *** (0.0500)		
产权×居住面积						-0.0607 (0.3798)	-0.0119 (0.0093)
个人家庭特征	Y	Y	Y	Y	Y	Y	Y
个人身心健康	Y	Y	Y	Y	Y	Y	Y
城市特征变量	Y	Y	Y	Y	Y	Y	Y
省区固定效应	Y	Y	Y	Y	Y	Y	Y
观测值	3203	3203	3203	4493	3754	2247	1782
Wald chi2	260.7	248.48	242.83	764.7	416.74	214.84	3152
Likelihood	-3796.2	-3384.2	-3334.17	-9706.0	-9079.4	-5506.3	-9067.0

注：***、**、*分别表示估计值在1%、5%和10%的置信水平上显著异于0；括号内为稳健标准误；本表模型的被解释变量均为工作满意度变量；为节约篇幅，未报告多个层面的控制变量以及部分以家庭产权和不用租房为核心解释变量的模型估计结果。

第五节 工作收入、工作时间与工作环境：对工作满意度的分解

上文从传导机制角度探索和解释了拥有唯一住房者并不乐业的原因，这一部分我们从对工作满意度变量的分解入手，进一步深入和细化对有房者工作满意度的观察。本章采用的 CLDS 数据中对于劳动者的工作满意度进行了较为全面的调查，除了工作整体满意度评价以

外，还针对劳动者对工作收入、工作时间、工作环境等多个方面的满意度分别进行了调查。下文我们将劳动者的工作满意度分解为工作收入、工作时间和工作环境三个更为具体的方面，同时，为了更加深入地理解和解释这些影响，我们还尽可能地选取了一些与工作收入、工作时间和工作环境满意度相对应的客观变量来解释和佐证我们的发现。

一　工作收入满意度

表5-7中我们以劳动者对工作收入的满意度为被解释变量，分别以拥有多套住房、自有产权、家庭产权和不用租房等多个维度的住房产权变量为核心解释变量，并控制个人、家庭、社区、省区等多个层面的控制变量建立双变量Probit工具变量模型进行估计。从表5-7上半部分估计结果我们可以看出，拥有多套住房的劳动者对工作收入的满意度更高，但是对于仅拥有一套住房的劳动者来说，不论产权形式是自有产权、家庭产权还是不用租房，住房产权变量对工作收入满意度的影响均为负但不显著。为什么拥有多套住房的劳动者对工作收入更满意，而一套房者与无房者相比并不显著呢？下面我们尝试利用客观收入的比较进行解释：表5-7的下半部分分别列出了多套住房、自有产权、家庭产权和不用租房的劳动者的上年平均工作收入，并同时列出了未拥有多套住房、非自有产权、非家庭产权和需要租房的劳动者的工作收入进行对比，最后两列的T检验及其相伴概率显示，多套住房者的工作收入明显高于其他人，而对于拥有一套住房的劳动者而言，不论是自有产权、家庭产权和不用租房，其平均收入与其他人并没有明显的差异。从对劳动者客观收入的比较我们基本上可以对工作收入满意度的差异进行解释，这实际上也表明，劳动者对工作收入

的主观满意度体现了多套房者、一套房者和无房者在工作收入方面的客观差异。

表 5-7 住房产权对工作收入满意度的异质性影响

解释变量	（1）多套住房	（2）自有产权	（3）家庭产权	（4）不用租房
住房产权	0.8410** （-0.3543）	-0.0541 （-0.4099）	-0.0822 （-0.2844）	-0.071 （-0.2919）
个人家庭特征	Y	Y	Y	Y
个人身心健康	Y	Y	Y	Y
城市特征变量	Y	Y	Y	Y
省区固定效应	Y	Y	Y	Y
观测值	4641	3888	3888	3888
Wald chi2	363.24	278.48	278.98	279.19
Likelihood	-4589.0	-4338.8	-3837.7	-3748.4
客观工作收入的对比				
	1（均值）	0（均值）	T检验（0—1）	相伴概率
多套住房	54395.79	39367.18	-7.0479***	0.0000
自有产权	39979.07	38028.25	-1.1367	0.2557
家庭产权	39340.15	39465.1	0.0646	0.9485
不用租房	39614.97	38241.38	-0.6632	0.5072

注：模型（1）—模型（4）中的***、**、*分别表示估计值在1%、5%和10%的置信水平上显著异于0；下方客观工作收入对比表中的***、**、*分别表示两组数据均值在1%、5%和10%的置信水平上存在显著差异；括号内为稳健标准误；本表模型的被解释变量均为工作收入满意度变量；工具变量同表5-4，下表同。

二 工作时间满意度

表5-8中我们利用与前文类似的模型设定对劳动者的工作时间满意度进行观察。表5-8模型（1）和模型（2）是以劳动者工作时间满意度为被解释变量，分别以拥有多套住房和自有产权变量为核心

解释变量进行的工具变量 Probit 估计，结果显示：拥有多套住房者对工作时间的满意度明显更高，而仅拥有一套住房的劳动者对工作时间的满意度更低①。为什么拥有多套住房的劳动者对工作时间的满意度更高，而一套房者的工作满意度更低呢？表 5 - 8 模型（3）—模型（6）分别以劳动者的周工作小时数和月工作天数为被解释变量，并以多套住房和自有产权为核心解释变量对劳动者的客观工作时间进行了观察，结果表明：拥有多套住房者的周工作小时和月工作天数都明显低于其他人，而拥有一套住房者的周工作时间和月工作时间与其他人并没有明显的差异。可见，多套房者对工作时间满意度更高的原因是其客观工作时间更少。为什么一套房者与其他人的客观工作时间并无明显差异，但其对工作时间的满意度却显著更低呢？这实际上可以用劳动经济学理论来解释：与无房者相比，有房者也许更珍视闲暇。

表 5 - 8　　　　　　　　　　　　工作时间满意度

解释变量	工作时间满意度		周工作小时		月工作天数	
	（1）多套住房	（2）自有产权	（3）多套住房	（4）自有产权	（5）多套住房	（6）自有产权
住房产权	1. 1498 *** (0. 2080)	- 0. 9931 *** (0. 1970)	- 9. 0611 ** (4. 5881)	3. 7349 (4. 1195)	- 9. 2168 ** (0. 2596)	- 0. 5949 (1. 0949)
个人家庭特征	Y	Y	Y	Y	Y	Y
个人身心健康	Y	Y	Y	Y	Y	Y
城市特征变量	Y	Y	Y	Y	Y	Y
省区固定效应	Y	Y	Y	Y	Y	Y
观测值	4641	3888	4626	3876	4633	3882

---

① 本书分别对自有产权、家庭产权和不用租房三个维度的住房产权变量进行了估计，估计结果均显著为负，为节约篇幅，表 5 - 8 中仅报告了对自有产权变量的回归结果。

续表

解释变量	工作时间满意度		周工作小时		月工作天数	
	（1）多套住房	（2）自有产权	（3）多套住房	（4）自有产权	（5）多套住房	（6）自有产权
Wald chi2	437.88	405.46	388.17	309.45	2004.43	383.26
Likelihood	−4833.4	−4532.7	−21859.9	−18796.5	−16464.4	−14485.4

注：***、**、*分别表示估计值在1%、5%和10%的置信水平上显著异于0；括号内为稳健标准误；根据被解释变量的不同，模型（1）和模型（2）采用了 eprobit 框架下的双变量 Probit 模型，模型（3）—模型（6）采用了 eregress 框架下的 ols-probit 组合模型；为节约篇幅，未报告多个层面的控制变量以及以家庭产权和不用租房为核心解释变量的模型估计结果。

三　工作环境满意度

最后我们来验证住房产权对工作环境满意度的影响。表5-9模型（1）和模型（2）是以劳动者工作环境满意度为被解释变量，分别以拥有多套住房和自有产权变量为核心解释变量的工具变量 Probit 估计，结果显示：拥有多套住房的劳动者对工作环境的满意度更高，而一套住房者对工作环境的满意度更低。为什么多套房者的工作环境满意度更高，而一套房者更低呢？由于 CLDS 数据样本中并没有直接反映整体工作环境的客观指标，本章仅利用其中的一个关于劳动者"是否有固定的工作场所"的问题对劳动者客观工作环境进行部分的观察。表5-9模型（3）和模型（4）以"是否有固定工作场所"为被解释变量，并以多套住房和自有产权为核心解释变量建立模型对劳动者的客观工作环境进行了考察，结果表明：拥有多套住房的劳动者有更大的概率拥有固定的工作场所，而一套房者的工作场所则更不固定。可见，我们对客观工作环境的考察结果可以在很大程度上解释多套房者和一套房者在工作环境满意度方面的差异。

表 5 – 9 工作环境满意度

解释变量	工作环境满意度		固定工作场所	
	（1）多套住房	（2）自有产权	（3）多套住房	（4）自有产权
住房产权	1. 2244***	– 1. 0119***	1. 3684***	– 0. 3887**
	（0. 1816）	（0. 1836）	（0. 1610）	（0. 1868）
个人家庭特征	Y	Y	Y	Y
个人身心健康	Y	Y	Y	Y
城市特征变量	Y	Y	Y	Y
省区固定效应	Y	Y	Y	Y
观测值	4641	3888	4641	3888
Wald chi2	451. 27	375. 54	847. 59	395. 15
Likelihood	– 4830. 0	– 4543. 4	– 3303. 0	– 3313. 5

注：***、**、*分别表示估计值在1%、5%和10%的置信水平上显著异于0；括号内为稳健标准误；为节约篇幅，未报告多个层面的控制变量以及以家庭产权和不用租房为核心解释变量的模型估计结果。

第六节 住房产权、工作满意度和农民工定居意愿

一 城市住房产权对工作满意度的影响：基于农民工样本的分析

上文我们以包括农民工在内的所有城市劳动者为样本证实了住房产权对工作满意度的影响及其机制，而农民工作为城市劳动者中的一个较为弱势的群体，住房产权对其工作满意度的影响是否会有所不同？下文我们利用城市农民工样本，采用与前文工具变量模型同样的模型设定对农民工样本进行观察。首先，我们以全体农民工为样本，以工作满意度为被解释变量，分别以拥有一套住房家庭产权和多套住房变量作为住房产权变量进行的回归结果见表 5 – 10 模型（1）和模型（2），从回归结果可以看出，与前文的城市劳动者样本一致，对全体农民工而言，拥有一套住房对农民工工作满意度的负面影响是显著

的，同时，拥有多套城市住房的农民工的工作满意度也更高。当然，
从显著性的比较来看，住房产权对农民工工作满意度的影响要略小于
城市劳动者样本。

为了进一步观察农民工群体的异质性，我们按照农民工是否为本
区县户籍将农民工样本分为本地农民工（在城市打工的拥有本地农村
户籍的劳动者）和外地农民工（在城市打工拥有外地农村户籍的劳动
者）两类。对两类样本分别进行与模型（1）和模型（2）同样的回
归，其结果分别如表5-10模型（3）和模型（4）、模型（5）和模
型（6）所示。从估计结果可以看出，对于本地农民工而言，一套住
房对农民工工作满意度的负面效应更明显，而多套房者的正面效应也
比全体农民工估计结果更为显著；对于外地农民工而言，一套住房对
工作满意度的负面影响不明显，但是多套住房的正面效应依然显著。

从表5-10以农民工为样本的观察发现，对于农民工来讲，虽然
存在本地农民工和外地农民工之间的差异，住房分层对工作满意度的
影响依然显著存在，整体而言，农民工与其他城市劳动者的表现并没
有明显的差异，上文的结论也完全适用于农民工群体。

表5-10　　　　　　住房产权与工作满意度：农民工样本

变量	农民工		本地农民工		外地农民工	
	（1）家庭产权	（2）多套住房	（3）家庭产权	（4）多套住房	（5）家庭产权	（6）多套住房
住房产权	-0.2455* (0.1394)	0.5983* (0.3256)	-1.0734** (0.4748)	1.7194*** (0.0690)	-0.0695 (0.3960)	1.1724*** (0.3174)
个人家庭特征	Y	Y	Y	Y	Y	Y
个人身心健康	Y	Y	Y	Y	Y	Y
城市特征变量	Y	Y	Y	Y	Y	Y

续表

变量	农民工		本地农民工		外地农民工	
	（1）家庭产权	（2）多套住房	（3）家庭产权	（4）多套住房	（5）家庭产权	（6）多套住房
省区固定效应	Y	Y	Y	Y	Y	Y
观测值	1404	1736	954	1059	450	677
Wald chi2	51.8	60.3	50.6	647.8	30.5	72.0
Likelihood	-1488.3	-1911.8	-962.6	-1022.7	-495.3	-857.5

注：***、**、*分别表示估计值在1%、5%和10%的置信水平上显著异于0；括号内为稳健标准误；为节约篇幅，未报告多个层面的控制变量以及以自有产权和不用租房为核心解释变量的模型估计结果。

二　工作满意度与农民工定居意愿

前文我们证实了住房产权对农民工工作满意度的影响，为了探索住房产权是否会通过影响工作满意度而对农民工的定居意愿产生间接影响，下面我们试图验证，是否较高的工作满意度会带来农民工更高的定居意愿。表5-11中我们以农民工群体为样本，利用CLDS数据库中关于农民工是否愿意在本地定居的问题分别生成农民工定居意愿二元变量和排序变量，并以定居意愿变量为被解释变量分别进行的Probit和排序Probit如表5-11所示。从估计结果可以看出，农民工的工作满意度与定居意愿呈现出显著的正向关系，较高的工作满意度可以提高农民工的城市定居意愿。结合前文的发现，我们可以得出结论，住房产权会通过影响工作满意度而对农民工的定居意愿产生间接影响。

表 5 – 11 农民工工作满意度与定居意愿

变量	农民工定居意愿	
	Probit	Probit
工作满意度	0. 1225 ** （0. 0554）	0. 0866 ** （0. 0442）
个人家庭特征	Y	Y
个人身心健康	Y	Y
城市特征变量	Y	Y
省区固定效应	Y	Y
观测值	1315	1328
Wald chi2	318. 04	1064. 54
Likelihood	– 705. 2	– 1716. 6

注：***、**、* 分别表示估计值在1%、5%和10%的置信水平上显著异于0；括号内为稳健标准误；为节约篇幅，未报告多个层面的控制变量估计结果。

第七节　稳健性检验

本章在模型估计中尽可能全面地引入了个人基本特征、身心健康、工作类型、家庭特征、地区特征和省区固定效应等多个层面的控制变量，同时还采用了从理论和统计学角度均表现良好的工具变量进行了二值选择模型工具变量 Probit 估计，并分别从多套住房、自有产权、家庭产权和不用租房以及对工作满意度变量的分解等多个角度对模型进行了深化。为了进一步验证本章结论的稳健性，我们分别采用替换被解释变量、替换工具变量、改变估计策略等方法对本章工具变量模型的稳健性进行进一步验证，稳健性检验结果见表 5 – 12 所示。

表 5 - 12　　　　　　　　　　　　　稳健性检验

解释变量	负向指标：工作压力大		替换工具变量		排序 Probit	
	(1) 多套住房	(2) 自有产权	(3) 多套住房	(4) 自有产权	(5) 多套住房	(6) 自有产权
住房产权	- 1.4364 *** (0.1273)	0.9591 *** (0.3690)	0.8820 ** (0.4099)	- 0.9076 ** (0.4525)	0.8801 *** (0.1720)	- 0.4563 * (0.2511)
个人家庭特征	Y	Y	Y	Y	Y	Y
个人身心健康	Y	Y	Y	Y	Y	Y
城市特征变量	Y	Y	Y	Y	Y	Y
省区固定效应	Y	Y	Y	Y	Y	Y
观测值	4641	3888	4648	3894	4589	3838
Wald chi2	980.4	355.1	386.3	350.6	400.8	297.7
Likelihood	- 4192	- 3981	- 4810	- 4532	- 6775	- 6152

注：***、**、* 分别表示估计值在 1% 、5% 和 10% 的置信水平上显著异于 0；括号内为稳健标准误；为节约篇幅，未报告多个层面的控制变量以及以家庭产权和不用租房为核心解释变量的模型估计结果。

一　替换被解释变量

我们用"是否经常感到工作压力大"的虚拟变量（是 = 1，否 = 0）替换原来的工作满意度变量作为被解释变量，并引入与前文相同的所有控制变量对模型重新进行工具变量 Probit 回归，估计结果如表 5 - 12模型（1）和模型（2）所示，结果显示，拥有多套房者经常感到工作压力大的概率更低，而一套房者会比其他人更经常感到工作压力大。显然，这一结果从负面佐证了前文的结论：多套房者经常感到工作压力大的概率更低，工作满意度更高；一套房者经常会感到工作压力大，其工作满意度也更低。

二　替换工具变量

我们利用所在城市市辖区上年人均土地出让面积和市辖区人均新

增土地出让面积作为新的工具变量重新对模型进行估计，如表 5 – 12 模型（3）和模型（4）所示，估计结果与前文的基本结论一致。

三　排序被解释变量和排序 Probit 工具变量估计

现有关于幸福感和工作满意度的部分研究采用了排序 Probit 方法（oprobit），此处我们采用同样的设定方法，在被解释变量中保留了被调查者关于工作满意度的"非常满意、比较满意、一般、不够满意和非常不满意"五个层次的排序，以观察住房产权等诸多变量对"非常满意"出现概率的影响，同时我们采用与前文相同的工具变量处理可能的内生性问题，利用 eoprobit 方法对排序因变量进行的工具变量估计结果如表 5 – 12 模型（5）和模型（6）所示，可以看出，采用排序因变量的估计结果与前文 eprobit 估计结果并没有显著差异[①]。

第八节　结论与政策启示

本章利用中国劳动力动态调查数据探索了住房对包括农民工在内的城市劳动者的工作满意度的影响。首先，我们以工作整体满意度变量为被解释变量，分别以自己和配偶拥有住房产权（自有产权）、任意家庭成员拥有住房产权（家庭产权）以及亲友或雇主拥有住房产权（不用租房）作为核心解释变量，同时控制了个人基本特征、身心健康、家庭和个人收入、地区特征以及省市固定效应等多个层面可能的影响因素建立 Probit 模型进行了估计，实证结果并没有发现住房产权

---

①　表 5 – 10 模型（6）以自有产权为核心解释变量的排序 Probit 估计结果的显著性似乎比前文相应模型的显著性略低，但实际上以家庭产权和不用租房为核心解释变量的估计结果显著性较高，限于篇幅没有在表 5 – 10 中报告。

对工作满意度的确定性影响。根据模型的设定，我们怀疑 Probit 模型存在反向因果所导致的估计结果的向上偏误，因此我们利用地区住房自有率和历史土地供应政策冲击变量作为住房产权变量的工具变量，利用 ERMs 内生性处理框架建立双变量 Probit 模型对模型重新进行工具变量估计，结果表明：不论是"自有产权""家庭产权"还是"不用租房"这三种产权拥有形式的劳动者对工作的整体满意度均显著为负。进一步的研究发现，住房产权对工作满意度整体上呈现负面影响的原因来源于在有房者中占据大多数的一套住房者：仅拥有一套刚需住房的劳动者的工作满意度显著更低，而拥有多套住房的劳动者工作满意度更高。

为了探索拥有一套住房者工作满意度更低的原因，我们对住房产权影响工作满意度的可能机制进行了考察。本章对房奴效应、财富效应和安居效应的观察得到以下发现：第一，住房贷款所带来的房奴效应对一套房者的工作满意度产生了负面影响；第二，房价上涨为有房者带来的财富效应增加了多套住房者的工作满意度，但使仅拥有一套住房的劳动者的工作满意度降低了；第三，住房条件的改善虽然可以显著增强劳动者的工作满意度，但是并不会因为住房产权状况的不同而有所差异。可见，导致一套房者工作满意度更低的原因来源于偿还房贷的压力和房价上涨引起的工作机会成本的提高所导致的负面情绪。当然，关于为什么一套房者的财富效应为负而多套房者的财富效应为正，实际上可以从至少两个方面来解释。一方面，正如前文的理论分析部分指出的，对于多套住房者来讲，房价上涨促使劳动者在财富方面更加自由，使得其在工作选择方面也相对自由和宽松，从而提高了其工作满意度；相反地，对于唯一住房者来说，房价的上涨增加了劳动者工作的机会成本，更强化了一套住房者认为辛苦工作不如买房的心理，因此导致了其工作满意度的下降。另一方面，这一差异也可以从兑现和未兑现的财富效应角度来进一步解释：从理论上来讲，不论是对于多套房家庭还是一套房家庭，房价上涨导致的财富效应均会提高其外出工作的机会成本，但是不同的是，当家庭拥有多套房产时，房价上升引起家庭房产价值提高，家庭有更大的机会和自由去选择利用抵押贷款再融资或者出售房产等方式来兑现资本收益；然而对于仅拥有一套刚需住房的劳动者来说，房价上升引起的家庭房产价值的提高在很大程度上是一种不能马上兑现的财富增值，所以财富效应并不能给一套房者更多工作选择方面的自由，从而使得其更看重房价上涨带来的工作机会成本的提高，增强了其认为辛苦工作不如买房的心理（Poterba，2000；Bostic 等，2009）。

随后，我们将劳动者的工作满意度变量分解为在工作收入、工作时间和工作环境三个方面的满意度，进一步的研究结果发现，拥有多套住房者由于拥有更高的工作收入、更少的工作时间和更固定的工作场所，因此其对工作收入、工作时间和工作环境的满意度均高于其他人；而与无房者相比，拥有一套住房者对工作时间和工作环境的满意度更低，对工作收入的满意度没有明显差异，我们对客观工作收入、工作时间和工作环境的考察结果可以在很大程度上解释不同的住房状况对工作满意度的异质性影响。

最后，我们以农民工群体为样本，单独观察了住房产权对农民工工作满意度以及定居意愿的影响。研究结论发现，住房分层对农民工工作满意度的影响与城市其他劳动者并没有明显的差异：虽然存在本地农民工和外地农民工的异质性影响，但是整体而言，一套住房农民工的工作满意度更低，而多套住房农民工的满意度显著更高。同时我们发现，农民工工作满意度对农民工定居意愿存在明显的积极影响，这意味着，住房产权会通过影响工作满意度而对农民工的定居意愿产生间接影响。此外，本章还分别从替换被解释变量、替换工具变量和改变估计方法的角度对前文模型进行了稳健性检验，结果表明，以经常感到工作压力大为被解释变量，以上年市辖区人均土地出让面积和新增出让面积为工具变量，改变被解释变量结构并采用 eoprobit 框架对模型重新进行的排序因变量估计等多种方法，均没有改变前文的基本结论，本章的工具变量模型是稳健的。

本章的实证研究结果在较大程度上揭示了刚需住房者在工作方面的焦虑：由于存在着显著的房奴效应和财富效应的负面影响，为了偿还住房贷款，拥有一套刚需住房的劳动者可能要被迫从事在工作收入、工作时间和工作环境等方面都不够理想的工作，并在心理上承受较大的工作机会成本，其整体工作满意度反而比租房居住者更低，从而导致"安居"不一定能够乐业。当然，需要特别指出的是，以拥有住房产权来表征"安居"实际上并不全面，正如本章对安居效应的观察结论，住房条件的改善会提升劳动者的工作满意度，但并不因住房产权状况的不同而有所差异。这说明，"安居"实际上更应该理解为安全稳定的居住环境，不一定以拥有产权住房为前提。针对本章结论所揭示的问题，提出以下政策建议：

第一，城市住房政策应该保障包括农民工在内的所有城市劳动者拥有稳定体面的住所，实现"住有所居"，但不一定要追求让所有劳动者都拥有住房产权。

第二，为了打破住房产权的分化对就业的负面影响，要坚持"房住不炒"理念，抑制城市房价的过快上涨，以改变全社会房价上涨的预期，将大量农民工和其他城市劳动者从高房价和高房贷中解放出来，让他们真正拥有追求自己喜欢的工作、乐业从而勤业敬业的能力。

第三，本章研究结论再次证实，住房和就业这两大民生问题从来都不是孤立存在的，因此，在未来城市民生建设中，政府住房政策和就业政策不能各行其是，要注意政策间的相互协同，充分发挥政策合力，以破解当前业已形成的住房分化和就业收入差距之间相互加剧的困局。

第六章　差异化住房政策：基于农民工市民化住房成本的核算

　　在前面的章节中，我们主要利用中国流动人口动态监测数据和中国劳动力动态调查数据并与相关城市的宏观数据相结合，从多个方面探讨了住房对农民工稳定就业乃至定居的潜在影响。本章我们尝试采用一个简明的测算框架，对农民工市民化的住房成本进行专门的测算，并在市民化住房成本测算的区域比较基础上，提出差异化住房政策的构想。

　　近几年关于中国农民工市民化成本问题的实证研究大量涌现，其中大多数研究对农民工市民化住房成本的测算涉及了公共成本中的住房保障支出和私人成本中的家庭住房支出两个方面。当前关于农民工市民化成本的大部分研究表明，农民工市民化的各项成本中，与住房相关的成本占总成本的比例最大，大多数研究的测算结果在50%左右，甚至有些研究的测算结果超过80%（张继良和马洪福，2015；廖茂林和杜亭亭，2018等）。然而，当前研究关于住房成本的测算结果呈现出了很大的测算差异，究其原因，除了测算年份和测算地区不同所造成的不可避免的差异以外，通过对现有研究文献的分析和对比，发现存在两方面更为突出的原因。一方面是测算方法上的两个极端：忽略一次性住房成本的长期分摊问题，以存量指标代替流量指标的问题所导致的对农民工市民化住房成本的高估；以当前政府在保障性住房方面的支出比例很小为由，忽略政府应该承担的农民工市民化的住房保障成本，这又会导致对市民化住房成本的低估。另一方面是在市民化住房成本的测算中，现有研究在政府和私人住房成本分担比例上、"住有所居"和"居有其屋"理念上、"现状"和"目标"测算标准上、"农民"与"农民工"概念使用上、"年度成本"和"生命周期"的测算时间区间上等多个方面存在着明显的认识上的分歧。这两方面的原因是造成当前农民工市民化住房成本测算结果呈现巨大差异的根本原因。最后，针对现有研究在测算方法上的误区和在认识上的分歧，我们提出了一个更为理想的农民工市民化成本的测算思路，并利用这一框架对农民工市民化的住房成本进行了简单的测算。本书的贡献在于，从一个更广阔的视野对现有的农民工市民化住房成本的大量研究进行了梳理和比较，分析了其在测算思路和方法上的异同，比较了其测算结果的差异，并在发掘造成测算结果差异的原因的基础上，揭示现有研究在农民工市民化住房成本认识上的重要分歧，最后提出了一个更为理想的测算框架，并基于这一框架的测算结果提出了差异化住房政策的构想。

第一节　农民工市民化住房成本的测算思路及结果比较

当前研究一般将农民工市民化住房和居住成本根据承担主体分为两个方面，一方面是公共成本中政府应负担的住房保障成本；另一方面是私人成本中个人或家庭应负担的住房和居住方面的支出。

一 农民工市民化公共住房成本的测算思路及结果比较

1. 公共住房成本的测算思路

现有关于农民工市民化住房成本的研究多从公共成本角度，将政府的住房保障支出作为分析的重点。关于农民工市民化过程中的住房保障成本，主要指各地方政府为农民工提供的各种形式的城市住房保障方面的财政支出。有一些研究认为当前政府用于住房保障的支出占财政支出的比例很小，因此在农民工市民化成本测算中忽略了公共住房成本。然而，更多研究意识到了政府住房保障支出在农民工市民化过程中的作用，采用多种思路对公共住房成本进行了测算。

第一种思路从城乡财政支出的角度，利用城镇住房保障财政支出与农村住房保障财政支出的差额，并除以城镇人口数（城镇户籍或常住人口）来测算政府需要投入在单个农民工身上的住房保障成本。例如杜海峰等（2015）、顾东东等（2018）和李小敏等（2016）采用这一思路，分别利用深圳市、河南省三个县以及全国的宏观数据进行了研究，其测算结果从人均400元到3300元不等，住房成本占公共成本的比例从约1.6%到18.2%，也呈现出明显的差异。

由于仅利用住房财政支出进行的测算较为宽泛，第二种思路从"补砖头"和"补人头"的角度，直接测算了"补砖头"的保障房建设成本和"补人头"的廉租房补贴成本，更精确地测度了公共住房成本。有些研究只考虑了"补砖头"的住房成本，例如冯俏彬（2014）、张俊和肖传友（2018）以及廖茂林和杜亭亭（2018）等均以保障性住房建造单价乘以人均保障房居住面积来测度保障性住房建设成本；而有些研究同时考虑了"补砖头"和"补人头"的住房成本，例如申兵（2012）、单菁菁（2015）、李永乐和代安源（2017）

等在利用类似方法测算保障性住房建设成本以外，还同时考虑了政府的公租房或廉租房的补贴成本（由每平方米补贴单价乘以人均公租房或者廉租房居住面积得到），两者按比例加总即得到农民工市民化的公共住房成本。该种思路测算出的人均公共住房成本从1075.4元到30.9万元不等，占公共成本的比例也从最低2.3%到最高83.1%，呈现出相当大的差异。

与前两种思路不同，第三种思路考虑到了政府保障房建设成本的长期分摊问题，认为政府应负担的住房保障成本，主要是建造公租房应支付的长期利息支出。因此，按照一定的利率和周期，即可测算出政府在建造保障房时所承担的利息成本。代表性的研究如黎红和杨黎源（2017）利用宁波市宏观数据进行的测算，其基本思路是：首先假设一个固定的利率，根据公租房人均住房面积和建设成本计算出政府投入在每个受助农民工身上的住房建设费用；然后根据每月的住房租金推算出政府收回建设成本需要的时间；最后根据推算出的还贷周期和假设的利率计算出总的利息支出。采用上述思路，黎红和杨黎源（2017）的测算结果表明，每个受助农民工的人均住房保障成本为6.8万元。不少研究在利用前两种思路测算保障房建设成本时，倾向于将该成本一次性计入当年的市民化成本，没有考虑成本的长期分摊问题，也普遍存在以存量指标代替流量指标的问题。较前两种思路而言，第三种思路有一定程度的进步，但是由于其测算中假设利率不变，而测算的时间区间又相当长，可能出现较大的估算误差。

2. 公共住房成本的测算结果

为了便于比较，我们重点利用现有文献测算出的住房成本占公共成本的比例进行对比分析。从表6-1中可以看出，现有研究对于农民工市民化公共住房成本的测算结果从人均400元到人均30.9万元不等，住房成本占公共成本的比例也是从最低 1.6% 到最高 83.1%，差异非常大。联系到测算思路的差异，可以发现，如果公共住房成本仅考虑租房补贴，那平均到每一个农民工身上的租房补贴成本就很低；但是如果在公共住房成本的测算中考虑到保障性住房的建造成本，那住房成本及其占比就会骤然提高。经过对现有文献的对比和分析，发现现有的大多数相关研究在考虑保障房建造成本时，总是倾向于将建造成本一次性计入当年（或当前几年）的市民化成本，普遍存在以存量指标代替流量指标进行测算和比较的问题。因为通过现有方法测算出的保障房建造成本从整体上看是一个存量指标，并不能代表每年（或者最近一段时期）的新增成本投入，很多研究在测算公共住房成本时，将保障性住房的一次性建造成本和按年计算的住房租金补贴直接进行加总；同时，在基础设施、义务教育、社会保障等其他方面成本的测算中也主要采用了政府每年用于上述领域的支出流量指标。显然，以存量指标和其他流量指标加总和比较，会不可避免地高估住房成本占公共成本的比例。

二　农民工市民化私人住房成本的测算思路

1. 私人住房成本的测算思路

农民工市民化的住房成本除了政府负担的住房保障成本以外，农民工家庭和个人也需要承担一部分私人住房成本。关于这一部分成本的测算，当前绝大多数研究都采用了宏观数据，有以下几种测算思路。

第一种思路主要从"住者有所居"的角度，以农民工家庭在城市的租房成本来衡量其市民化的私人住房成本。一般的测算方法是利用城市廉（公）租房租金价格（黎红和杨黎源，2017）或市场租金价格（张欣炜和宁越敏，2018）乘以城市人均居住面积得到年租房成本，以此来代表农民工市民化的私人住房成本。

第二种思路主要是从"居者有其屋"的角度出发，重点考察农民工家庭在城市购买一定面积的住房所必须付出的成本，购房成本的测算方法大致有三类：第一，根据当前经济适用房单价和城市人均住房面积测算购买住房所需付出的全部成本（张继良和马洪福，2015）；第二，根据城市商品房均价和城市人均住房面积测算购买住房的全部成本（张国胜，2009；李俭国和张鹏，2015）；第三，利用农民工家庭在城市购买住房时需要付出的首付金额（首付比例一般为30%）来衡量农民工私人住房成本（李小敏等，2016）。

第三种思路可以看作前两种思路的综合，主要的方法是将农民工分为有购房能力的群体和租房居住的群体两部分，分别测算两个群体需要付出的人均住房成本，并按照两个群体占农民工总体的比例，加权平均得到农民工市民化的个人住房成本（李永乐和代安源，2017）。

与前两种思路相比，第三种思路既没有假设所有农民工都租房居住，也没有假设所有农民工都购买住房，而是考虑到了农民工的社会分层和经济实力的差异，对不同人群的住房成本进行了差别考虑，测算方法和思路较为科学合理。但是，在涉及个人和家庭的支出时，宏观数据往往过于粗略，而且当前关于农民工的宏观统计数据并不完善，在成本测算中可能不得不利用一些近似指标来代替，据此得出的测算结果也可能严重偏离现实，可见，采用优质的微观数据进行测算可能更为理想。目前采用微观数据的研究很少，仅有的个别研究，例如杜海峰等（2015）采用深圳市的调查数据，利用城镇与农村人均年住房支出的差额来简单测算市民化的私人住房成本，与其他私人住房成本核算研究相比，这一测算思路利用微观数据的优势考虑了城乡之间的比较问题，但是由于其比较对象的问题，可能引起很大的测算偏误从而低估市民化住房成本[①]。

2. 私人住房成本测算结果

从表 6-1 对农民工市民化私人住房成本测算文献的梳理可以看出，与公共住房成本的测算类似，如果只考虑农民工在城市生活的租房成本，那关于私人住房成本的测算结果会普遍较低，例如张欣炜和宁越敏（2018）、黎红和杨黎源（2017）对住房成本占私人总成本比例的测算结果分别为 5.8% 和 24.7%。如果考虑到农民工购买经济适用房或者商品房的支出，那住房成本私人成本的比例就会很高，例如李永乐和代安源（2017）的测算发现，南京市农民工市民化的私人住房支出占私人总支出的比例由 2005 年的 69.5% 上升到 2014 年的 78.3%。出现这一现象的部分原因与公共住房成本的核算类似，农民工租房和其他生活成本往往是按照每年支出来测算的，然而在考虑到购房成本时，不少研究直接采用了一次性的购房成本来计算每年支出，并没有对购房成本按年进行分摊，因此在测算住房成本占个人成本的比例时，也会出现明显的高估。

表 6-1　　现有文献对农民工市民化住房成本测算详细方法和结果

作者	样本	核算方法	核算结果
廖茂林、杜亭亭（2018）	广东省 7 个大中城市（2017）	人均公共住房成本 = 商品房每平方米售价 × 20 平方米 - 公租房年租金收入 人均私人住房支出 = 租住公租房年租金 = 5 元/平方米 × 20 平方米 × 12	公共住房成本 30.9 万/（人·年），占公共成本比例 83.1%；私人住房成本 1200 元/（人·年），占私人成本比例 0.4%；住房总成本 31 万/（人·年），占比 83.4%

_____

① 详细分析见本章第二节关于"农民"和"农民工"市民化概念误用的分析。

作者	样本	核算方法	核算结果
张欣炜、宁越敏（2018）	山东省淄博市（2015）	人均公共住房成本＝2015年保障建设支出÷2015年竣工保障性住房套数÷3；人均私人住房成本＝人均年租房成本＝6.3元/平方米×15平方米×12	一次性公共住房成本2.5333万元/人，占公共成本比例59.4%；私人住房成本1134元/（人·年），占私人成本比例5.8%
黎红、杨黎源（2017）	宁波市（2015）	公共住房成本＝政府建设公租房贷款利息支出；公租房建设成本＝6000元/平方米×18平方米×3；年利率3%，收回建设成本需27年，利息总支出13.6万元。人均私人住房成本＝人均市场租房成本＝1500元/月×12÷3	一次性公共住房成本，按受补贴农民工数量计算6.8万元/人，占公共成本比例17.7%；私人住房成本6000元/（人·年），占私人成本比例24.7%
张俊、肖传友（2018）	全国46个大中城市	人均公共住房成本＝人均保障房建设支出＝城市住宅固定投资÷住宅竣工面积×15平方米×20%	一般城市1.89万元/（人·年）；直辖市2.61万元/（人·年）；城市平均2.22万元/（人·年）。各级城市住房占公共住房成本比例均超过60%
魏义方、顾严（2017）	全国宏观数据（2014）	公共住房总成本＝公共租赁住房和保障性住房租金补贴＋（配套设施建设支出÷城镇户籍人口×落户农民工数量）	2014—2020年落户一亿人的一次性公共住房总成本542亿元，平均77亿元/年；住房占公共成本比例7.9%
李永乐、代安源（2017）	南京市（2005—2014）	人均公共住房成本＝人均保障性住房建造成本＋人均住房补贴＝保障性住房建造单价×人均住房面积×3%＋20元/平方米×16平方米×12×5%；人均私人住房成本＝经济适用房均价×16平方米×40%＋人均租房成本×60%－农村人均建房成本	公共住房成本2005年1075.4元/人，2014年1640.1元/人，占公共成本比例5.1%和2.3%；私人住房成本2005年2.1万元/人，2014年6.4万元/人，占私人成本69.5%和78.3%；2005年和2014年住房总成本2.2万元和6.6万元/人，占总成本比例36.2%和37.4%

续表

作者	样本	核算方法	核算结果
李小敏等（2016）	全国省级数据（2013）	人均公共住房成本＝省住房保障财政支出÷城镇户籍人口（或城镇常住人口）人均私人住房成本＝购买商品房支付的首付＝城镇平均房价×20平方米×30%	全国平均公共住房成本839.8元／（人·年），占公共成本比例1.6%；私人和总住房成本具体测算结果不详；总住房占总成本比例33.7%
杜海峰等（2015）	深圳市（2008—2013）	人均公共住房成本＝（城镇住房保障支出－农村住房保障支出）÷城镇户籍人口人均私人住房成本＝城镇人均年住房支出－农村人均年住房支出	公共住房成本400元／（人·年），占公共成本比例4.8%；私人住房支出800元／（人·年），占私人成本比例4%；总住房成本1200元／（人·年），占总成本比例1.9%
顾东东等（2018）	河南省3个县（2010—2012）	人均公共住房成本＝（城镇住房保障支出－农村住房保障支出）÷城镇户籍人口人均私人住房成本＝城市居住成本－农村居住成本①	三县公共住房成本0.33万元、0.13万元、0.32万元／（人·年），占公共成本比例7.7%、4.1%和18.2%；私人住房成本0.03、-0.01、0.00万元／（人·年）；总住房成本0.36万元／（人·年）、0.12万元／（人·年）、0.32万元／（人·年），占比5.7%、2.2%和7.8%
李俭国、张鹏（2015）	全国12个沿海城市	人均住房成本＝住宅投资总额÷住宅竣工面积×城市人均住房面积	沿海城市9.8万元／人，占总成本比例45.5%；内陆城市7.9万元／人，占总成本比例48.8%
单菁菁（2015）	全国省级数据（2011）	人均公共住房成本＝人均保障性住房建设成本＋人均廉租房补贴成本＝竣工住宅总造价÷竣工面积×人均住房面积×80%＋不同地区补贴单价×15平方米×12×5年×20%私人住房成本＝房屋造价×人均住房面积	按市民化总人口计算的五年一次性全国平均公共住房成本1.2万元／人，占公共成本平均比例9.3%；私人成本10.1万元／人，私人住房成本与按年测算的私人总成本不可比

---

　　①　该文假设农村住房保障支出等于0，杜海峰等（2015）也采用了类似的假设；同时，私人居住成本的具体测算方法不详。

续表

作者	样本	核算方法	核算结果
冯俏彬 (2014)	全国宏观数据 (2010—2011)	人均公共住房成本＝人均保障性住房建设成本＝2228 元/平方米 ×13 平方米 ×30%	一次性市民化所有农民工的公共住房总成本 13783.7 亿，按农民工总数人均 8689.2 元/人，占公共成本比例 76.2%
申兵（2012）	宁波市（2010）	以廉租房补贴、政府计划住房财政支出和廉租房建设成本构成公共住房成本的上限和下限。人均廉租房货币补贴＝20 元/平方米 ×60 平方米 ×12÷2.5；人均计划财政支出＝10 亿元÷2 万元÷2.5；人均廉租房建设成本＝2500 元/平方米 ×60 平方米÷2.5	五年廉租房货币补贴 2.8 万元/人，保障房支出 2 万元/人；廉租房建设成本 6 万元/人；按全部外来人口核算的人均成本为 0.6 万—1.8 万元，住房占公共成本比例区间：44.4%—70.6%
张继良、马洪福（2015）	江苏省第六次人口普查数据	公共住房成本＝公租房租金补贴＋廉租房建设成本＝20 元/平方米 ×60 平方米 ×12/户均人口 + 2789.2 元/平方米 ×60 平方米/户均人口；人均私人住房成本＝购房成本＝农民工人均住房面积×经济适用房价格	公共住房成本 3.26 万元/（人·年），占公共成本比例 49.4%；私人住房成本 2.84 万元/人，占私人成本比例 67.6%；总住房成本 6.1 万元/（人·年），占总成本比例 49.6%
张国胜（2009）	全国 43 个大中城市（2001—2003）	人均住房成本①＝住宅投资÷住宅竣工面积×人均居住面积	东部沿海 4.7 万元/人，第一代和第二代农民工住房占总成本比例 48.4% 和 54.8%；内陆城市 3.1 万元/人，第一代和第二代农民工住房占总成本比例 53.9% 和 61.9%

资料来源：根据现有文献整理计算，详见文末参考文献。

---

① 该文在测算中未区分公共和私人成本而将其合称为社会成本，本质上等同于公共成本和私人成本的加总，李俭国和张鹏（2015）也采用了类似的说法。

3. 农民工市民化的住房障碍：住房支出占农民工市民化总成本的比例

上文我们对农民工市民化的公共和私人住房成本的测算思路和结果分别进行了分析。自然地，如果将公共和私人住房加总起来，住房支出占农民工市民化总成本的比例有多大？多数研究发现住房成本占农民工市民化总成本的一半左右。例如张国胜（2009）的研究发现东部沿海地区第一代和第二代农民工住房支出占市民化总支出的比例分别为48.4%和54.8%；内陆城市第一代和第二代农民工的相应比例为53.9%和61.9%。李俭国和张鹏（2015）的研究也发现内陆地区农民工住房成本占市民化总成本的比例（48.8%）要高于沿海地区（45.5%），但整体差别并不大，比例均在50%左右；张继良和马洪福（2015）的测算结果为49.6%。有部分研究的测算结果低于50%，例如李永乐和代安源（2017）对南京市的测算结果为37.4%，李小敏等（2016）的测算结果为33.7%；也有一些研究的测算结果超过70%，例如廖茂林和杜亭亭（2018）对广州市的测算结果为83.4%。虽然现有研究在住房成本占市民化总成本的比例上依然存在着较为明显的差异，但是有一点结论是基本一致的：住房成本是农民工市民化成本中最大的成本之一，住房也已成为当前推进农民工市民化进程的主要障碍。

第二节　农民工市民化住房成本测算的关键分歧

为了进一步观察现有研究关于农民工市民化住房成本测算呈现较大差异的原因，通过对当前研究测算思路和方法的深入比较我们发现，这一方面源于现有研究在测算方法上的两个极端：忽略一次性住房成本的长期分摊问题，以存量指标代替流量指标的问题导致对农民工市民化住房成本的高估；以当前政府在保障性住房方面的支出比例很小为由，忽略政府应该承担的农民工市民化的住房保障成本，这又会导致对市民化住房成本的低估。而另一方面，更大程度上，是由于研究者对农民工市民化住房成本，尤其是公共住房成本的认识上的分歧。具体说来，这种认识上的分歧和差异至少有以下几个方面。

一　公共成本和私人成本分担比例上的分歧

从上文的梳理和比较可以发现，当前不同研究关于农民工市民化公共住房成本和私人住房成本的测算结果差异非常大，但如果从总住房成本角度，将公共住房成本和个人住房成本合并后，测算得到的住房支出占总成本的比例，不同研究之间的差异有一定程度的缩小。这实际上反映出现有研究对市民化住房成本中，哪些应该由政府负担，哪些应该由农民工个人承担存有分歧，而住房成本占总成本的比例不受这一分歧的影响，因此不同研究的测算差异缩小了。可见，对于公共住房成本和私人住房成本在政府和农民工个人之间如何分担问题上的分歧是导致当前测算结果呈现分歧的一个直接原因。当然，从上文的对比也可以看出，控制这一直接原因以后，住房成本占总成本比例的测算差异依然显著存在，这说明还存在其他方面隐性的原因有待深入探索。

二　"现状"和"目标"测算定位上的分歧

在农民工市民化成本，尤其是公共住房成本的测算中，是从现状角度，以当前政府的实际投入来衡量市民化成本，还是从规范分析的角度，以未来或理想状态下，政府应该投入的成本来衡量，现有研究存在广泛的分歧。从当前投入的角度，由于目前政府住房保障支出占总支出的比例很低，这样计算出来的公共住房成本就很低，甚至不少研究据此将这部分成本忽略不计；从未来的目标投入角度，现有研究往往是根据个人研究经验设立一个主观的标准，以此标准来计算政府应该投入到农民工市民化过程中的住房支出。由于当前我国对农民工住房的保障水平普遍不足，因此后者计算出的成本总是远大于前者。同样地，由于目前农民工的城市住房条件明显低于城市居民的平均水平，对农民工市民化私人住房成本的测算也存在类似的问题。可见，以"现状"作为测算依据会低估未来的住房成本，而以"目标"来测算的难点在于如何找到合理的设定依据，这正是当前的类似研究所缺乏的。

三　"住有所居"和"居有其屋"理念上的分歧

符合农民工市民化要求的住房，究竟是满足于改善现有的居住条件，让每一个农民工实现住有所居，还是帮助农民工取得有住房产权的城市住房？不同研究对此的理解存在明显的分歧。以满足居住条件改善为目标的"住者有所居"，和以获得住房产权为目标的"居者有其屋"作为基础测算的住房成本自然会呈现出明显的差异。那么，农民工实现市民化是否一定要求获得产权住房？显然，假设所有农民工都获得住房产权是不现实的，会高估市民化成本，而假设所有农民工都通过租房实现市民化，又可能低估市民化成本。因此有些研究设定了一个固定的比例，一定比例的人购买住房，另一部分人租房居住。然而按固定比例测算的难点和缺陷在于，随着宏观环境和农民工自身经济实力等的变化，这一比例不应该是一成不变的。因此，一个较为理想的测算思路是在"住有其所"和"居有其屋"之间找到一个平衡，这一平衡不应该是一个固定的比例，也能够不局限于农民工是租房还是买房的争论。

四 "农民"与"农民工"概念使用上的误区

要合理测算农民工市民化的住房成本自然要涉及农民工和当地市民的比较问题。然而，当前的大部分研究忽略了与城市居民现有水平的比较，而是孤立的计算成本；有一些研究在测算中涉及了与城市居民的比较问题，但是仅限于城市居民与农村居民之间的比较。本章认为，以此计算出的市民化成本乃至市民化住房成本不是严格意义上的"农民工"市民化或"农业转移人口"市民化成本，而是"农民"市民化成本。而且，由于农村居民在住房上存在着"过度消费"等现象（廖长峰和杨继瑞，2013），其住房条件和消费水平不一定比城镇差，以城镇居民和农村居民住房水平的差距来衡量市民化住房成本便会很低甚至为负①。显然，真正意义上的农民工市民化住房成本，应该侧重于已经生活在城市的农业转移人口与当地普通居民的比较，而不是城市居民与农村居民的城乡差距的比较。当然，之所以会出现上述偏差，其一部分原因实际上在于现有的绝大部分研究采用的宏观数据，目前关于农民工的宏观统计数据相当匮乏，因此大多数研究在测算中都倾向于用"农民"来代替"农民工"从而导致测算的偏误。

五 "年度成本"和"生命周期"测算时间区间的差异

测算农民工市民化成本时，是按每年的投入测算，还是一次性投入计算？是按三年或五年的时间周期还是按农民工整个生命周期测

---

① 杜海峰等（2015）和顾东东等（2018）均采用了上述思路，前者测算的住房在总成本中的比例不足2%，由于样本地区农村居民的住房消费等于或大于城镇居民住房消费，后者得到的私人住房成本甚至出现了0值和负值。

算？现有的众多研究对此有不同的理解。农民工市民化本质上是一个持续的过程，要测算其成本自然需要考虑一个时间区间，然而测算的难度在于，其持续期究竟有多长往往是因时因地因人而异的，有些研究假设这一过程平均为三年或者五年，有些研究根据政府政策目标实现的区间（例如2014—2020年、"十二五"期间等），有些研究则考察农民工的整个生命周期。一方面，由于未来物价、成本、风险、政府政策和农民工自身发展等诸多方面的不确定性，现有研究以当前的成本来预测未来的成本，预测时间周期越长，测算越不准确，其结论自然会呈现出明显的差异。另一方面，如果以农民工的整个生命周期计算市民化成本意味着农民工市民化过程的无限延长，事实上，农民工市民化存在着广义和狭义之分，狭义的农民工市民化以农民工在城市落户为终点，广义的农民工市民化则以农民工在住房、收入、文化、制度等多个方面全面融入城市为终点，但是不论是广义还是狭义，都并不意味着一个农民工需要花费一生的时间才能实现市民化，这是不合理的。因此，更多的研究倾向于按照当前每年的人均成本来测算农民工市民化成本。然而测算市民化年成本容易出现的一个问题是将购房和建房等一次性投入直接计入年平均成本，从而导致年人均市民化住房成本的明显高估。

第三节　农民工市民化住房成本测算：一个微观测算框架

一　本章的测算思路和基本原则

为了解决现有研究在农民工市民化住房成本测算的几点关键分歧，本章首先设定以下五点测算原则。

第一，为了解决现有研究在"现状"和"目标"测算定位上的分歧，本章明确以"目标"为研究重点对市民化住房成本进行测算。当然，正如前文所言，以"目标"来测算的难点在于如何找到合理的设定依据，本章认为，农民工市民化的住房目标不应该是某个特定的数值，而是达到本地普通市民的居住条件。

第二，在住房成本测算理念上，不应局限于"住有所居"和"居有其屋"的争论，农民工市民化的基本住房要求应该是"居有定所"——"居有定所"的关键是农民工能否在城市获得稳定且条件良好的住房。"居有定所"不一定要求取得住房产权，也可以通过租赁等其他多种形式取得稳定的住房居住权。

第三，现有不少研究在成本测算中以"农民"数据代替"农民工"数据，陷入了"农民市民化"与"农民工市民化"概念混淆的误区。为了解决现有研究在宏观数据使用方面对两个概念不自觉地混用，本章认为，应该选取包含农民工城市住房相关变量的优质微观调查数据库对农民工与城市本地居民的住房状况进行的比较研究从而得到真正意义上的"农民工市民化"住房成本。

第四，关于测算周期的分歧问题，实际上，从私人成本来说，不论假设农民工是购房还是租房，一次性购房的成本相当于在一定时期内以房贷或者房租的形式分担，只要假设长期租房的成本等于一次性购房的成本，那么这两种测算思路本质上就不存在区别。从公共成本角度来分析，其逻辑也是一致的：只要假设政府建造公共住房的一次性成本和为农民工提供住房补贴的长期成本相同，那么不论是通过"补转头"还是"补人头"来实现农民工住房市民化，其成本也应该是相同的。因此，只要在测算中明确一次性成本和年成本的区别，那么从理论上来讲，两种思路都是可取的。

第五，关于农民工市民化成本的分担问题，为了不陷入政府和个人如何分担住房成本的争论，本章同时考虑了农民工购买住房和政府建设公共住房由农民工租住两种情况，这实际上可以分别得到住房成本的上限和下限。一是，如果假设农民工以购房形式实现市民化，那么可能存在两种情况：一种是直接购买市场价的商品房，此时市民化住房成本全部由农民工承担；另一种是如果农民工购买由政府负责建造的低于市场价出售的政策住房，政府建房的成本已经包括在农民工的购房成本之中，而住房价格低于市场价的部分便相当于政府给农民工的补贴，因此，直接计算农民工以市场价购买住房的成本实际上就包含了农民工低价购房的成本和政府的补贴额。二是，如果假设政府建设公租房由农民工长期租住，这意味着市民化住房成本由政府一次性建房投入负担，政府可以通过制定合理的租金标准，以向农民工收取房租的形式在长期内收回建设成本，因此，只要这个假设成立，那么政府建造公租房的成本就可以用来衡量农民工市民化住房成本。

二　农民工市民化住房成本测算：基于 CGSS 2015、CHFS 2015 和 CLDS 2016 数据

综合上述测算原则，本章的测算思路是以城市本地居民的住房水平为目标，以农民工拥有稳定良好的城市居住条件为理念，核算当前在城市居住的农业转移人口与本地居民在住房状况方面的现实差距，同时兼顾一次性成本和年住房成本，设定一个科学合理的测算区间，从而得到农民工市民化的住房成本。

根据测算思路，本章的具体测算方法如下。

1. 测算住房差距

利用包含农民工城市住房相关变量的三个大型微观调查数据库（CGSS 2015、CHFS 2015 和 CLDS 2016）中的城镇调查数据对农民工和

城市本地居民的人均居住面积进行测算，然后用城市本地居民的人均居住面积减去农民工在城市的人均居住面积得到市民化住房差异指标。

2. 测算一次性住房成本

测算两种情况下的农民工市民化住房成本：第一种情况，假设实现农民工住房市民化的成本全部由农民工个人通过购买住房的形式负担，以当年每平方米商品住宅均价乘以市民化住房差异指标得到市民化住房成本的上限；第二种情况，假设弥补当前住房差距实现农民工市民化的住房成本全部由政府通过建造公共住房的形式负担，以每平方米商品住宅建造成本乘以市民化住房差异指标得到市民化住房成本的下限。为便于比较，对市民化住房成本的下限和上限取算数平均值，得到市民化住房平均成本。

3. 测算人均年住房成本

假设以农民工个人租房或者政府提供租房补贴的形式弥补农民工与本地居民当前住房差距从而实现住房市民化，以当年市场每平方米住房租金价格乘以市民化住房差异指标便可以得到人均年住房成本。

4. 测算家庭住房成本和住房成本工资比

由于农民工往往倾向于举家迁移，我们以农民工家庭平均规模乘以人均住房成本来计算农民工家庭住房成本；同时，为了进一步考察农民工及其家庭对市民化住房成本的承受能力，我们分别用人均住房成本与农民工年工资的比值、家庭住房成本与家庭年工资的比值得到成本工资比和家庭成本工资比指标。

表 6 - 2 是我们分别以中国人民大学中国综合社会调查（CGSS 2015）、西南财经大学中国家庭金融调查（CHFS 2015）和中山大学中国劳动力动态调查（CLDS 2016）微观数据库中的全国样本为对象对农民工市民化住房成本进行的测算结果：人均市民化住房成本的下

限为 1.7 万—2.9 万元，其上限为 3.8 万—7.1 万元；市民化住房平均成本为 2.8 万—5.0 万元，而市民化年住房成本的测算结果则为 1633—2719 元/（人·年）。如果忽略统计口径的差异，就三种数据库测算结果的比较而言，根据 CGSS 2015 数据库测算出的人均居住面积最大，CLDS 2016 数据库的测算结果最小。如果用宏观统计数据作为参考，国家统计局在 2017 年发布的一份报告中指出，2016 年中国城镇居民人均住房建筑面积为 36.6 平方米，利用样本量相对较大的 CHFS 2015 数据库得到的人均住房面积测算结果似乎更接近国家统计局公布的宏观数据①。因此，如果以 CHFS 2015 的测算结果为准，那么实现农民工市民化的人均一次性住房成本就应该为 1.7 万—3.8 万元，平均住房成本为 2.8 万元，而年成本为 1633 元/人。

表6－2　　　　　　农民工市民化住房成本的测算：全国样本

数据库	本地市民（m²）	农民工（m²）	住房成本上限（元）	住房成本下限（元）	住房平均成本（元）	住房年成本（元）	家庭住房成本（元）	成本工资比	家庭成本工资比
CGSS 2015	42.34（5501）	34.48（460）	53403.40	24009.10	38706.30	2263.70	123860.16	0.98	1.57
CHFS 2015	32.91（34485）	27.24（6869）	38488.53	17303.69	27896.11	1633.0	89267.55	0.71	1.14
CLDS 2016	31.09（5906）	21.65（811）	70606.33	28701.53	49653.93	2718.7	158892.58	1.26	2.02

注：括号内为样本量；CGSS 2015 和 CHFS 2015 数据库统计了人均住房使用面积，CLDS 2016 数据库为人均住房建筑面积。

根据国家卫生健康委员会 2017 年流动人口动态监测数据的测算，

---

① 详情参见国家统计局于 2017 年 7 月发布的题为《居民收入持续较快增长　人民生活质量不断提高——党的十八大以来经济社会发展成就系列之七》的报告。

农民工家庭的平均规模约为每户 3.2 人，我们据此测算得到的农民工家庭住房成本如表 6－2 所示。以 CHFS 2015 数据得到的测算结果表明，农民工家庭的市民化住房成本约为 9 万元每户。表 6－2 中住房成本工资比的测算我们使用了国家统计局 2016 年《农民工监测调查报告》公布的全国农民工工资数据，从测算结果可以看出，以三个数据库测算得到的人均成本工资比为 0.71—1.26，这意味着，在没有任何消费的情况下，一个农民工大约需要 1 年左右的收入才可以弥补与本地市民之间的住房差距。关于家庭成本工资比的测算，我们假设一个最为普遍的三口之家，三人中有二人外出工作，测算得到的家庭成本工资比为 1.14—2.02，这意味着在没有任何花费的情况下，一个农民工家庭至少需要 1—2 年的家庭收入才可以实现住房方面的市民化。需要指出的是，由于我们关于家庭成本工资比的测算仅仅是一个较为粗略的估算，因此，为了便于精确地比较，下文分地区测算中我们以人均成本工资比作为测算和比较的重点。

由于不同地区的住房市场存在明显的差异，表 6－2 对全国农民工市民化住房成本的整体测算并不能体现地区差异。因此，表 6－3 我们从三个微观数据库中选取了北京、上海、天津和重庆等四个直辖市的样本，对各城市的农民工市民化的住房成本分别进行测算。从测算结果可以看出：首先，从不同城市居民居住状况的比较而言，三种数据库的测算结果是基本一致的，在四个城市中，重庆市居民的人均居住面积最大，上海市和北京市较为相近，而天津市最低。就农民工以及农民工和城市居民居住条件的差异而言，由于部分数据库在部分城市调查的样本量过小，导致测算数据出现了较大的差异，和前文的思路一样，下面我们主要以样本量最大且与宏观统计数字最为接近的 CHFS 2015 数据测算结果为依据进行讨论。利用 CHFS 2015 测算得到的四个直辖市市民化住房差距的测算结果表明，重庆市农民工与本地居民之间的居住条件差距最大，天津市和北京市次之，而上海市最小；就市民化一次性住房平均成本而言，北京市的人均市民化住房成本最高，市民化住房平均成本约为 9.3 万元，上海市和天津市的市民化住房平均成本相近，分别为约 6.4 万元和 6.1 万元，而重庆市农民工市民化住房平均成本最低，约为 5.2 万元；从年住房成本来看，北京市年住房成本也是最高，每年人均 6018.53 元，其次为上海、天津和重庆，分别为3833.76 元、3397.59 元和 3209.40 元，年住房成本的高低排序与一次性成本一致。

表 6 - 3　　　　　　　四个直辖市农民工市民化住房成本测算

地区	数据库	本地居民（m²）	流动人口（m²）	农民工（m²）	住房差距（m²）	住房成本上限（元）	住房成本下限（元）	住房平均成本（元）	住房年成本（元）
上海	CGSS 2015	33.69（430）	41.76（72）	28.84（8）	4.86	101731.07	27301.16	64516.12	3873.61
	CHFS 2015	25.20（2321）	24.01（565）	20.38（189）	4.81	100840.32	27062.12	63951.22	3833.76
	CLDS 2016	23.70（114）	20.05（33）	17.53（12）	6.17	152740.71	35643.82	94192.27	4917.74
北京	CGSS 2015	33.42（322）	30.05（197）	28.18（80）	5.23	118439.85	19200.10	68819.97	4433.37
	CHFS 2015	27.14（1826）	26.29（667）	20.05（157）	7.10	160649.49	26042.64	93346.06	6018.53
	CLDS 2016	27.30（191）	32.43（44）	23.89（17）	3.41	93897.86	12102.19	53000.02	2890.59
天津	CGSS 2015	26.55（258）	37.24（30）	25.79（12）	0.76	7686.98	2320.47	5003.724	278.25
	CHFS 2015	22.38（1507）	19.62（318）	13.11（109）	9.28	93781.34	28309.77	61045.55	3397.59
	CLDS 2016	23.99（144）	31.05（10）	13.04（4）	10.95	140474.52	40620.46	90547.49	4009.01

续表

地区	数据库	本地居民（m²）	流动人口（m²）	农民工（m²）	住房差距（m²）	住房成本上限（元）	住房成本下限（元）	住房平均成本（元）	住房年成本（元）
重庆	CGSS 2015	49.85（77）	20.33（2）	20.33（2）	29.52	161930.21	101715.55	131822.9	8083.76
	CHFS 2015	35.29（1039）	25.56（455）	23.57（262）	11.72	64292.13	40384.74	52338.44	3209.40
	CLDS 2016	32.97（90）	18.06（3）	15.42（2）	17.56	96306.67	56063.30	76184.99	4808.63

注：括号内为样本量；CGSS 2015 和 CHFS 2015 数据库统计了人均住房使用面积，CLDS 2016 数据库为人均住房建筑面积。

上文我们对全国农民工市民化住房成本进行了整体测算，为了比较农民工市民化住房成本的地区差异，下面我们采用样本量最大且与宏观统计数字最为接近的 CHFS 2015 城镇调查数据，对全国 29 个省（区、市）的农民工市民化住房成本进行观察①，其测算结果如表6-4所示。从表6-4可以看出：农民工市民化人均住房成本超过 5 万元的地区有 7 个，依次为浙江、北京、福建、海南、上海、天津和山西；市民化住房成本低于 1 万元的地区有 6 个，依次为黑龙江、辽宁、吉林、安徽、青海、湖北等地区；其他地区的住房成本为 1 万—5 万元。

表6-4　　　　　　全国各省市农民工市民化住房成本测算

地区	农民工市民化人均住房成本（元）	地区	农民工市民化人均住房成本（元）
北京	93372.10	江西	44976.15
天津	61053.12	河南	35517.18
河北	12674.09	湖北	3361.05

① CHFS 2015 数据库中没有包含新疆、西藏和港澳台地区数据。

地区	农民工市民化 人均住房成本（元）	地区	农民工市民化 人均住房成本（元）
上海	63903.26	湖南	33952.60
江苏	14899.83	广西	39034.20
浙江	130167.62	重庆	52341.52
福建	70548.98	四川	22564.37
山东	12075.85	贵州	17536.72
广东	44581.35	云南	24858.12
海南	69269.15	陕西	52692.31
辽宁	8354.78	甘肃	23362.02
吉林	7749.00	青海	5286.97
黑龙江	8533.69	宁夏	17302.04
山西	53344.74	内蒙古	20020.00
安徽	6572.02		

为了对各地区住房成本进行更直观的对比并进一步考察农民工承受的住房负担，我们利用各地区人均住房成本与农民工人均年收入的比值测算得到成本工资比，[①] 并将农民工市民化住房成本、农民工年工资收入和成本工资比绘制成柱形—折线组合图如图 6 - 1 所示。为了便于比较，我们将 29 个省市按照东部、东北、中部和西部四个大区的顺序进行排列并测算了各地区的平均值。从四个大区的比较来看，东部地区市民化住房平均成本最高，为 57254.53 元/人；中部和西部地区次之，分别为 29620.62 元/人和 27499.83 元/人；而东北地区的市民化住房成本远低于其他地区，仅为 8212.49 元/人。各地区

---

① 由于缺乏分地区农民工年工资数据，我们发现根据 2016 年《农民工监测调查报告》得到的全国农民工平均收入为 39300 元，这与中国统计年鉴当年的全国城镇私营单位从业人员年收入 39589 元极为接近，因此，我们以各地区城镇私营单位从业人员年工资来表征农民工年工资指标对各省区成本工资比进行测算。

平均成本工资比与农民工市民化住房成本的大小分布也是基本一致的：东部地区平均成本工资比最高，达到 1.29；中部地区和西部地区分别为 0.93 和 0.77，而东北地区成本工资比最低，为 0.27。从不同地区市民化住房成本的比较可以看出，市民化住房成本与地区经济发展状况呈现出了明显的正相关，东部地区经济发展状况更好，对农民工有着更强的吸引力，因此其农民工市民化住房成本也更高；而东北地区由于近年来经济增长乏力，劳动力净流出的现象较为明显，因此其农民工市民化住房成本也远低于其他地区。

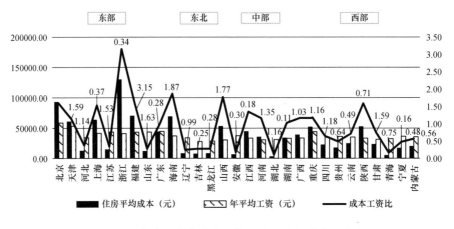

图 6-1　各地区住房成本、年平均工资和成本工资比

三　本章测算思路和测算结果与现有研究的对比分析及展望

1. 与现有研究的对比分析

与现有研究的测算思路比较，本章的测算框架更为简洁明确，并且较好地考虑和解决了现有研究在多个方面的争议和分歧。第一，我们以城市本地居民的住房水平来设置农民工市民化的目标，在住房成本的核算中突出农民工与城市居民住房现状的比较，设置了非常明确的比较目标，解决了现有研究在"现状"和"目标"测算定位上的

分歧。第二，本章关于住房成本的测算以农民工拥有良好的住房条件为目标，并不局限于讨论通过买房还是租房实现住房市民化，没有陷入"住有所居"和"居有其屋"的争论，从一定程度上来说，本章的测算理念在这两者之间找到了一种平衡。第三，本章选取了 CGSS 2015、CHFS 2015 和 CLDS 2016 三个大型微观调查数据库对农民工、流动人口和城市本地居民的现实住房状况分别进行测算，并对农民工与城市本地居民的住房状况进行了重点的比较，从而得到真正意义上的"农民工市民化"住房成本，改进了现有研究在利用宏观数据的测算中对"农民工市民化"概念不自觉地误用。第四，为了能够对住房成本进行明确的测算，本章以狭义的农民工市民化作为标准，突出农民工和具有城市户籍的本地市民[①]之间的比较，并分别利用购房或建房成本来测算市民化一次性住房成本，利用租房或补贴来测算市民化年住房成本，较好地解决了关于测算周期的分歧。第五，本章的测算旨在客观地计算从农民工到市民的住房总成本，并没有将其划分为公共成本和私人成本，避免了陷入政府和个人如何分担成本的争论。同时，通过合理的假设，我们分别以购房和建房的成本衡量了政府和个人在住房成本分摊方面的上限和下限。

与现有研究的测算结果比较，本章以 CHFS 2015 测算得到的一次性人均住房成本为 1.7 万—3.8 万元，平均市民化住房成本为 2.8 万元，明显小于当前大部分研究的对全国城市一次性住房成本的测算结果[②]，在一定程度上解决了现有研究在测算方法上的误用和测算理念方面的

---

① 另一个合适的比较对象是曾经有过农业户籍，现在已经取得本地户籍的城市居民，即"农转非"人口。本章对"农转非"人口的测算发现，其住房状况与其他本地居民的住房状况并没有明显差异。

② 张继良和马洪福（2015）、李俭国和张鹏（2015）也和本章对四大直辖市的测算接近，但是这些研究进行的时间要比本书早很多。

分歧而引起的对一次性市民化住房成本的高估。本章利用 CHFS 2015 测算得到的农民工市民化年均成本 1632.96 元/人，要明显高于现有的以农民和市民比较得到的测算结果，较好地改善了现有的部分研究在年住房成本测算中存在的低估的问题。本章测算出的四个直辖市的一次性人均住房成本在 5.2 万—9.3 万元，与李永乐和代安源（2017）对南京市的测算结果较为接近。同时，本章利用 CHFS 2015 测算得到的农民工市民化年均成本为 1632.96 元/人，四大直辖市为 3000—6000 元/人，要明显高于以农民和市民比较得到的测算结果，较好地改善了现有的部分研究在年住房成本测算中存在的低估的问题。本章对不同地区农民工市民化住房成本的测算和比较发现，经济发展状况更好的地区市民化住房成本更高，这与单菁菁（2015）和李小敏等（2016）对我国各省区农民工市民化总成本进行测算得到的发现一致。此外，现有农民工市民化研究基本上是以个人或者某个地区作为观察对象，而本章对农民工市民化人均住房成本的测算结果进行了引申，进一步测算了农民工市民化的家庭住房成本，并且以成本工资比和家庭成本工资比等指标衡量了农民工及其家庭的住房负担。

2. 农民工市民化住房成本核算的未来研究展望

本书对近年来关于农民工市民化住房成本测算的大量现有研究进行了梳理、比较和分析，发现当前研究对住房成本的测算结果表现出了非常显著的差异。通过对现有研究的测算方法、思路和结构的深入比较我们发现，当前测算结果呈现出明显差异的主要原因，一方面源于不少研究在测算方法上存在着忽略一次性住房成本的长期分摊问题所导致的高估和忽略政府公共住房成本所造成的低估这"两个极端"；另一方面来源于现有研究在政府和私人住房成本分担比例上、"住有所居"和"居有其屋"理念上、"现状"和"目标"测算标准上、

"农民"与"农民工"概念使用上、"年度成本"和"生命周期"的测算时间区间上等多个方面存在着明显的认识上的分歧。为了解决现有研究在农民工市民化住房成本测算方面的几点关键分歧，我们设定了一个更为简明的测算框架：以未来目标为定位，以"居有定所"为基本理念，以在城市居住的农业转移人口现有的居住条件为起点，以达到本地普通市民的居住条件为终点，采用微观调查数据，用当前在城市居住的农业转移人口与城市本地居民在住房状况方面的现实差距来衡量农民工市民化的一次性住房成本。

本书所采用的测算方法可能的贡献在于，为解决现有研究在多方面的分歧提供了一种更为简明可行的测算框架，这一框架和思路不仅可以应用到农民工市民化住房成本的测算，也适用于农民工市民化其他方面成本的测算。当然，需要指出的是，由于本书所采用的三种微观数据库在调查地区、样本量和抽样方法等多个方面不尽相同，我们分别利用三种数据库得到的农民工市民化住房成本测算结果也呈现出了一定的差异，其测算结果也是较为粗略的。未来关于农民工市民化成本的研究至少可以在两个方面有所深入。一方面，在农民工市民化成本的测算中，首先要明确分析的定位，是定位于客观分析当前投入现状的实证研究，还是专注于未来应该达到的投入水平的规范研究。在促进农民工市民化问题上，我们会不可避免地涉及"应该怎么样"的问题，因此，未来更需要的是以目标为定位的规范研究。虽然本书的测算框架也是以目标为定位，但是本书设定的目标是一种静态的目标，如何设置一个更为灵活的动态变化的目标，这也许是未来研究的一个方向。另一方面，关于农民工市民化所要求的住房条件，究竟是满足于"住有所居"还是"居有其屋"，或者是更进一步的城市居住融合？正如前文所述，以"住有所居"为理念设置的住房标准偏低，而"居有其屋"理念下的住房标准又过高，那么以稳定且良好的城市住房居住权的获得为目标的"居有定所"理念，不要求农民工一定取得具有产权的住房，只要求一个能够使农民工产生城市生活持久预期的居住条件，这一理念可能是一个更为现实可行的测算标准。本书的测算框架更侧重于良好的居住条件，但是如何更为精确地衡量农民工居住条件和住房环境的持久性与稳定性，更进一步地，如何衡量农民工在城市的居住融入程度，这都是未来有待解决的问题。

第四节　差异化住房政策的构想：基于农民工市民化住房成本的区域差异

一　农民工市民化住房成本与经济社会发展状况的区域比较

上文基于 CGSS 2015、CHFS 2015 和 CLDS 2016 调查数据对农民工市民化住房成本的测算结果表明：从全国平均而言，实现农民工市民化的一次性市民化住房成本约为 2.8 万/人，年住房成本约为 1633 元/人，成本工资比和家庭成本工资比分别为 0.71—1.26、1.14—2.02。从四个直辖市的比较来看，重庆市农民工与本地居民之间的居住条件差距最大，天津市和北京市次之，而上海市最小；北京市的人均市民化住房成本最高，上海市和天津市的市民化住房平均成本相近，而重庆市农民工市民化住房平均成本最低。从各地区的比较来看，东部地区市民化住房平均成本最高，为 57254.53 元/人；中部和西部地区次之，分别为 29620.62 元/人和 27499.83 元/人；而东北地区的市民化住房成本远低于其他地区，仅为 8212.49 元/人，各地区的成本工资比也呈现出同样的趋势。

从农民工市民化住房成本的测算结果的区域比较中我们似乎可以

看到这样的规律：经济社会发展状况越好的地区，其农民工市民化人均住房成本也越高。为了进一步验证这一推测，下面我们分别从经济总量、产业结构、人均收入、流动人口吸引力和吸纳力等多个层面，对东部、中部、西部和东北地区的经济社会发展基本指标和市民化住房成本等指标进行对比，具体指标如表6-5所示。

表6-5　　　**不同地区经济社会发展状况与市民化住房成本（2018）**

指　标	全国	东部地区		中部地区		西部地区		东北地区	
		绝对数	占全国比重（%）	绝对数	占全国比重（%）	绝对数	占全国比重（%）	绝对数	占全国比重（%）
年末总人口（亿人）	13.95	5.38	38.50	3.71	26.60	3.80	27.20	1.08	7.80
地区生产总值（万亿元）	90.03	48.10	52.60	19.27	21.10	18.43	20.10	5.68	6.20
第一产业增加值（万亿元）	6.47	2.20	34.00	1.62	25.00	2.04	31.40	0.62	9.60
第二产业增加值（万亿元）	36.60	19.60	52.20	8.48	22.50	7.46	19.80	2.05	5.40
第三产业增加值（万亿元）	46.96	26.25	55.40	9.17	19.40	8.93	18.90	3.01	6.40
地方一般公共预算收入（万亿元）	9.79	5.61	57.30	1.76	18.00	1.90	19.40	0.51	5.20
地方一般公共预算支出（万亿元）	18.82	7.93	42.10	4.05	21.50	5.46	29.00	1.38	7.30
社会消费品零售总额（万亿元）	38.10	19.39	51.40	8.16	21.60	7.06	18.70	3.10	8.20
常住人口2017—2018年变动（‰）	3.80	7.20	—	5.70	—	6.90	—	-3.60	—
居民人均可支配收入（万元）	2.82	3.63	—	2.38	—	2.19	—	2.55	—

指　标	全国	东部地区		中部地区		西部地区		东北地区	
		绝对数	占全国比重（%）	绝对数	占全国比重（%）	绝对数	占全国比重（%）	绝对数	占全国比重（%）
城镇居民人均可支配收入（万元）	3.93	4.64	—	3.38	—	3.34	—	3.30	—
农村居民人均可支配收入（万元）	1.46	1.83	—	1.40	—	1.18	—	1.41	—
市民化人均住房成本（万元）	2.79	5.73	—	2.96	—	2.75	—	0.82	—
市民化住房成本工资比	0.71	1.29	—	0.93	—	0.77	—	0.27	—

注：本表数据除最后两列根据前文第三部分的测算得到以外，其他数据均是根据《中国统计年鉴（2019）》整理得到。

从表6－5我们对全国四个区域的经济社会发展数据的对比可以看出：从总人口和地区生产总值来看，东部地区有着全国38.50%的人口，地区生产总值占到了全国的一半以上，达到52.60%；中部地区和西部地区年末总人口比重分别为26.60%和27.20%，地区生产总值占比分别为21.10%和20.10%，发展状况较为接近；而东北地区的年末总人口和地区生产总值占比均较小。从三次产业的增加值比重和结构来看，我国第二产业和第三产业主要分布在东部地区，而第一产业主要分布在西部、中部和东北地区，从产业结构对流动人口的吸纳能力来看，东部地区对农民工的吸纳能力明显更强，中部和西部地区次之，而东北地区对流动人口的吸纳能力较弱。各区域年末常住人口的变动趋势也体现出了各地区对流动人口的吸引力，东部地区2017—2018年常住人口上升了约7.20‰，西部和中部地区常住人口分别增加了 6.90‰和 5.70‰，但是东北地区的常住人口数下降了3.60‰，可见，东部地区依然是对流动人口和农业转移劳动力最有吸引力的区域，而西部地区对人口的吸引力近年来也有明显的提升，中部地区次之，然而东北地区却出现了明显的人口外流。从地方政府财政能力来看，东部地区一般公共预算收入占全国的 57.30%，地方政府财力充裕；西部地区和中部地区次之，而东北地区地方政府的整体财力相对较弱。从居民人均可支配收入来看，2018 年全国居民人均可支配收入 2.82 万元，然而仅有东部地区的人均可支配收入超过平均值，达到 3.63 万元，东北、中部和西部地区的人均可支配收入均低于平均值，尤其是西部地区，人均可支配收入仅有东部地区的约60%。从城镇和农村居民人均可支配收入的比较来看，东部地区不论是城镇居民还是农村居民的收入均高于其他地区，中部、西部和东北地区的差距不大，但是值得一提的是，西部地区的城镇居民和农村居民人均可支配收入之间的差距是各个地区中最大的。

用四个区域经济发展状况指标分析与上文测算出的各地区农民工市民化人均住房成本以及成本工资比指标进行比较可以看出，农民工市民化的住房成本与地区经济发展状况呈现出了明显的正相关，东部地区经济发展状况好，产业结构合理，人均收入更高，对流动人口有着更强的吸引力和吸纳能力，而且其地方政府的财力较为充裕，但其农民工市民化住房成本也更高；中部地区和西部地区的整体经济发展状况、产业结构的优化程度等因素导致其对农民工的吸引力和吸纳力弱于东部地区，其农民工市民化住房成本也低于东部地区；东北地区由于近年来经济增长乏力，产业结构亟待优化，对流动人口的吸引力和吸纳能力不足，导致近年劳动力净流出的现象较为明显，同时其农民工市民化住房成本也远低于其他地区。

可见，上文关于四个区域经济社会发展状况以及农民工市民化住房成本的对比分析结果对不同地区农民工市民化住房政策也具有一定的启示意义：由于我国地区发展水平不平衡，城乡之间的差距也较大，同时，中国农业转移人口规模庞大，其经济实力、从事行业以及定居意愿也存在明显差异，这些因素均意味着，解决农民工城市住房问题、实现住房方面的市民化不能"一刀切"，而应该秉持因地制宜、因城施策的差异化住房政策。

二 差异化农民工住房政策的构想

上文在各个省区农民工市民化住房成本的测算基础上，结合对东部、中部、西部和东北四个地区的经济社会发展状况等因素的分析，提出了促进农民工市民化的差异化住房政策的基本构想。由于我国各地区、各省区以及各城市内部的发展也不够平衡，因此，差异化的农民工住房政策需要充分考虑到不同城市在经济社会发展状况、对流动人口的吸引力和吸纳力、地方政府的财政能力、住房市场的供求状况等基本指标上的差异，同时也要兼顾农民工群体内部的社会分层及其市民化意愿等多种因素对政策措施进行合理的设计。由于我国不同层级的城市众多，地区发展特点各异，下文我们仅以最传统的一线、二线、三线、四线及五线城市的划分为基础，以部分代表性城市为例对差异化农民工住房政策进行探讨。

如果以狭义的农民工市民化即落户为目标，有学者从投资、购房、人才引进和就业等角度对中国120个代表性城市的落户门槛进行了测算（张吉鹏和卢冲，2019），部分代表性城市的测算结果如表6-6所示。从表6-6可以看出，不论是投资、购房、人才引进、就业还是综合落户门槛，一线城市的市民化门槛远高于其他城市，二线、三线、四线以及五线城市的落户门槛基本上也是依次下降的；同时，同一层级的城市，东部沿海城市各方面的市民化门槛也高于内陆城市。下面我们以各地区各城市经济社会发展、市民化住房成本以及落户门槛的差异比较为基础，并综合考虑农民工的社会分层及不同群体的市民化意愿，分类探讨不同地区和城市的差异化住房政策实施思路。

表6-6　　　　部分代表性城市市民化门槛（2014—2016）

城市	城市级别	投资	购房	人才引进	就业	综合落户
北京	1	1.6837	0.8437	1.4142	1.5082	2.6284
上海	1	0.9443	0.6187	1.1806	1.3645	2.1385
广州	1	0.9444	0.5630	0.9636	1.2205	1.7892
深圳	1	1.0735	0.6187	1.0731	1.2205	2.0032
重庆	2	0.3601	0.6187	0.6058	0.6468	1.1615
天津	2	0.3045	0.4500	1.2902	0.7179	1.1269
杭州	2	0.2966	0.7312	0.4964	0.5749	0.8621
南京	2	0.3045	0.4500	0.4676	0.7179	0.7379
济南	2	0.2051	0.6750	0.5893	0.5035	0.8755
青岛	2	0.2837	0.6750	0.4676	0.6467	0.7799
淄博	3	0.0318	0.5625	0.4676	0.3592	0.7203
吉林	3	0.1494	0.5951	0.4653	0.2875	0.5278
襄阳	3	0.0153	0.8414	0.6533	0.3592	0.6053
珠海	3	0.1053	0.8054	0.2340	0.2170	0.7152
烟台	3	0.2263	0.3380	0.9325	0.1082	0.6776
徐州	3	0.1812	0.3937	0.4677	0.1441	0.6115
嘉兴	4	0.1081	0.5999	0.4676	0.3591	0.4694

城市	城市级别	投资	购房	人才引进	就业	综合落户
榆林	4	0.1081	0.6895	0.4676	0.3591	0.4912
中山	4	0.3369	0.5625	0.9324	0.5032	0.8512
三亚	4	0.0942	0.5068	0.7157	0.5398	0.6779
黔西南	5	0.0087	0.6750	0.4676	0.2169	0.3972
亳州	5	0.0150	0.7059	0.6533	0.2169	0.3700

注：本表格内容根据张吉鹏和卢冲（2019）的测算结果整理得到。

1. 东部沿海发达城市

对于北京、上海、广州、深圳等一线城市以及广东、江苏、浙江等地区的沿海发达城市而言，一方面，由于地区经济总量大、人均可支配收入水平高，对于流动人口尤其是农业转移人口有着很强的吸引力，产业结构中第三产业比重较大，对于外来人口也有着足够的吸纳能力，近年来源源不断涌入的流动人口为当地经济发展做出了突出的贡献；另一方面，由于该类地区高度的经济社会发展导致居住用地供应不足，而流动人口的数量庞大，住房市场的供给和需求之间的矛盾极为突出，导致房价收入比高企，对于绝大部分进城农民工来讲，想要依靠购房越过市民化的门槛是不够现实的。因此，东部沿海发达城市应该善用其良好的商业环境以及地方政府雄厚的财力，实行以政府或委托企业建造公共住房，农民工租住形式为主的农民工住房政策。然而遗憾的是，根据2017年国家卫健委流动人口动态监测数据测算，目前居住在政府公共住房中的农业转移人口比例不足1%，这说明在促进农民工市民化以及改善农民工住房条件方面，公共住房目前所发挥的作用还较为有限。

有鉴于此，对于财政实力较为充裕的东部沿海城市而言，农民工住房政策还需要在以下几个方面发力，也对其他地区提供更好的示范。

第一，提高公共住房农民工入住率。东部沿海城市的地方政府需要对公共住房的选址和配套服务进行合理优化，通过降低公租房门槛和适当减免租金的形式吸引大量农民工入住政府公租房，以增加农民工入住政府公共住房的意愿和机会。

第二，引导企业园区配建农民工公寓。在用工企业较为密集的园区或经济开发区，以优惠政策引导园区和企业配套建设农民工公寓，鼓励企业参与到改善农民工住房条件，保障农民工基本住房需求中来；在园区配建质量良好的农民工公寓，一方面可以节约大量的通勤成本，另一方面本书的实证研究也证实，雇主单位提供的住房能显著提高农民工的工作稳定性，从而增强其定居意愿。

第三，加强城市边缘地区"城中村""棚户区"等非正规居所的改造。由于无法承担条件更为良好的市区住宅，在城市的城乡接合部等边缘地区往往是服务业农民工聚集较多的区域，从而形成典型的"城中村"或"棚户区"住房形态。2018年李克强总理曾在国务院常务会议上强调，"棚改是重大民生工程，也是发展工程"。对于东部沿海地区来说，采用市政改造的方式对现有的"棚户区"和"城中村"等农民工聚集的非正规居住形态进行改造，完善相关的基础设施和服务，不仅有利于城市经济社会的健康发展，而且对于提高农民工的市民化意愿和能力有着长足的影响。

第四，以更长远的目标为指引对农民工住房政策进行合理规划和科学管理。从长远来看，东部沿海地区的住房供求矛盾依然会持续，东部地区应该加快产业结构调整，积极探索土地使用制度改革，破除一些短视的地方政策对租户和外来人口的歧视，实现真正的租售同权，唯有如此才能更好地帮助农民工跨越市民化的住房门槛并促进城市可持续高质量发展的良性循环。

2. 内陆区域性中心城市

对于以重庆、成都、武汉、西安、郑州等城市为代表的内陆二线城市或者"新一线"城市而言，此类城市分别是各自区域的中心城市，不论是在国家发展战略规划，还是在各经济区、城市群和经济带的发展方面都具有举足轻重的影响力和辐射力。虽然大部分内陆区域性中心城市的经济总量低于东部沿海的一二线城市，但是此类城市也具有自己的优势：一方面，由于重要的战略地位，内陆区域性中心城市一般能够获得较多的中央财政支持，同时地方政府也具有相对充足的财力，近年来这些城市的经济增长迅速，城镇化发展和产业升级具有巨大的发展潜力，对于流动人口和农民工也具有较强的吸引力和吸纳能力；另一方面，内部区域性中心城市虽然也是大量农民工的流入地，存在大量的新增住房需求，但是与东部沿海同层级城市相比，此类城市的土地供应更为充足，住房市场的供求矛盾也相对较为缓和，因此其房价和市民化住房成本一般也低于同层级的东部沿海城市。

因此，对于内陆区域性中心城市来说，农民工城市住房政策的重点依然应该以政府公租房和企业园区配建的农民工公寓为主，而且由于土地供应方面的优势，内陆区域性中心城市具有比东部沿海地区更好的条件来建设和发展公租房以及园区配建房。例如公租房建设和发展较为成熟的内陆区域性中心城市重庆，早在 2010 年就开始大规模建设城市公租房，截至 2018 年末，重庆市目前已建成 20 个公租房项目，累计入住户数 50 万户，惠及 150 余万城市住房困难群体。从长期发展来看，随着城市群规模的不断扩张和产业的不断聚集，内陆区域性中心城市对流动人口和农民工的吸引力将会持续增强，尤其是对于人力资本积累程度较高、市民化意愿也更强烈的新生代农民工而言，由于较为温和的房价与生存成本，中西部区域性中心城市的吸引力会进一步凸显，因此，该类城市应该进一步加强公租房的建设和发展，科学论证区域选址，改善配套服务，以期为更多具有市民化意愿的农业转移人口提供持久稳定且质量良好公共住房，助推中心城市乃至整个城市群的高质量发展。

3. 中西部三线城市

此类城市主要包括位于中西部地区、经济增速稳定且具有一定区域影响力的大部分三线城市，例如襄阳、包头、咸阳、绵阳等城市，这些城市经济总量相对较小、人均可支配收入水平不高，地方政府的财力也较为有限，对流动人口和农民工的吸引力与吸纳能力也弱于一二线城市。但是此类城市距离区域性中心城市或者较为发达的经济带和城市群较近，交通便利，经济地理优势明显，一方面作为城市群或者经济带的有机组成部分，受到区域性中心城市广泛的辐射和影响；另一方面也有更多的机会承接发达地区和中心城市的转移产业，在经济增长和产业发展方面存在较大的潜力。在城市住房市场方面，这类城市住房市场的供给和需求矛盾不突出，房价和落户门槛相对较低。

对于中西部三线城市而言，农民工城市住房政策的重点应该是充分考虑农民工的社会分层和市民化意愿，坚持多种住房政策并举。一方面，对于市民化意愿较强且具有一定经济基础的农民工家庭，地方政府可以通过政策优惠和购房补贴鼓励其在城市购房从而实现市民化；对于市民化意愿不强、经济基础较为薄弱的农民工家庭，则可以通过廉租房、公租房、"城中村"和"棚户区"改造等住房政策降低公共住房租住门槛，改善和规范农民工住房条件和居住环境。另一方面，由于此类城市和地区往往承担着承接中心城市产业转移的角色，因此，正如有学者指出，在产业转移的选址时应该将落实产业工人的住房问题作为承接产业转移的基本要求，敦促地方政府以税收、土地等多方面的优惠措施，引导园区和企业配套建设足够数量的农民工住房（吕萍等，2012）。

4. 四五线城市及其他城市

对于四五线城市及其他小城市而言，该类地区经济总量小，人均可支配收入较低，对于流动人口和外地农民工的吸引力很有限，由于产业发展较为滞后，有不少城市的劳动力出现净流出的现象，流入这类地区的外来人口主要为本地农民工（本城市不同区县的农业转移人口），其中有不小比例为返乡就业和创业的农民工。该类城市的住房市场与东部沿海城市和内陆区域性大中城市不同，住房市场的供需矛盾并非供不应求，由于在多轮房价上涨时的过剩供应的积累，大部分该类城市在一定程度上存在着住房供应大于本地居民的住房需求，房地产库存无法有效消化的矛盾。

在广大四五线城市以及其他小城市，由于房价和租金相对不高，农民工住房问题可以较好地通过市场化方式来解决，因此农民工城市住房并不是一个较为突出的问题，而农民工政策的重点应该是为本地农民工尤其是返乡就业和创业农民工提供良好的就业环境并尽可能创造足够的就业岗位，以吸引农民工在城市定居，这也可以在一定程度上消化城市长期积累的房地产过剩供应。当然，要为农民工创造良好稳定的就业环境并非一朝一夕之功，这涉及城市长期经济增长、产业结构优化、城镇化高质量发展等诸多方面，这考验的不仅是各中小城市地方政府的执行力和企业的创造力，更是城市长期发展潜力和综合竞争力的比拼。

参考文献

一　中文文献

（一）中文著作

建设部调研组：《中国农民工调研报告》，中国言实出版社 2006 年版。

克鲁格曼：《发展、地理学与经济理论》，北京大学出版社、中国人民大学出版社 2000 年版。

李少春：《社会学的发展历程》，中央编译出版社 2003 年版。

沙里宁：《城市：它的发展、衰败与未来》，中国建筑工业出版社 1986 年版。

向德平：《城市社会学》，武汉大学出版社 2002 年版。

雅各布斯：《美国大城市的死与生》，译林出版社 2005 年版。

周敏：《唐人街——深具社会经济潜质的华人社区》，商务印书馆 1995 年版。

（二）中文期刊

才国伟、刘剑雄：《归因、自主权与工作满意度》，《管理世界》2013 年第 1 期。

蔡昉：《城市化与农民工的贡献——后危机时期中国经济增长潜力的

思考》,《中国人口科学》2010 年第 1 期。

藏波、吕萍:《"人地挂钩"视域下农民工住房问题的解困思路——天津、重庆和广州的经验》,《城市发展研究》2014 年第 12 期。

陈斌开、杨汝岱:《土地供给、住房价格与中国城镇居民储蓄》,《经济研究》2013 年第 1 期。

陈昭玖、胡雯:《人力资本、地缘特征与农民工市民化意愿——基于结构方程模型的实证分析》,《农业技术经济》2016 年第 1 期。

单菁菁:《农民工市民化的成本及其分担机制研究》,《学海》2015 年第 1 期。

邓清:《城市社会学研究的理论和方法》,《城市发展研究》1997 年第 5 期。

邓曲恒、古斯塔夫森:《中国的永久移民》,《经济研究》2007 年第 4 期。

丁富军、吕萍:《转型时期的农民工住房问题——一种政策过程的视角》,《公共管理学报》2010 年第 1 期。

丁萌萌、徐滇庆:《城镇化进程中农民工市民化的成本测算》,《经济学动态》2014 年第 2 期。

董昕 a:《中国农民工的住房政策及评价（1978—2012 年）》,《经济体制改革》2013 年第 2 期。

董昕 b:《中国农民工住房问题的历史与现状》,《财经问题研究》2013 年第 1 期。

杜海峰、顾东东、杜巍:《农民工市民化成本测算模型的改进及应用》,《当代经济科学》2015 年第 2 期。

范剑勇、莫家伟、张吉鹏:《居住模式与中国城镇化——基于土地供给视角的经验研究》,《中国社会科学》2015 年第 4 期。

方永恒、张瑞:《保障房退出机制存在的问题及其解决途径》,《城市问题》2013 年第 11 期。

冯俏彬:《农民工市民化的成本估算、分摊与筹措》,《经济研究参考》2014 年第 8 期。

高波、陈健、邹琳华:《区域房价差异、劳动力流动与产业升级》,《经济研究》2012 年第 1 期。

高鉴国:《马克思恩格斯城市思想探讨》,《山东大学学报 (哲学社会科学版)》2000 年第 3 期。

葛玉好、张雪梅:《房价对家庭生育决策的影响》,《人口研究》2019 年第 1 期。

龚紫钰:《就业质量、社会公平感与农民工的市民化意愿》,《福建论坛 (人文社会科学版)》2017 年第 11 期。

顾东东、杜海峰、王琦:《就地就近城镇化背景下农民工市民化的成本测算与发现——基于河南省三个县市的比较》,《管理评论》2018 年第 3 期。

国务院发展研究中心课题组:《农民工市民化对扩大内需和经济增长的影响》,《经济研究》2010 年第 6 期。

国务院发展研究中心课题组:《农民工市民化进程的总体态势与战略取向》,《改革》2011 年第 5 期。

韩俊强:《农民工住房与城市融合——来自武汉市的调查》,《中国人口科学》2013 年第 2 期。

韩雪、张广胜:《进城务工人口就业稳定性研究》,《人口学刊》2014 年第 6 期。

胡军辉:《相对剥夺感对农民工市民化意愿的影响》,《农业经济问题》2015 年第 11 期。

黄进：《人力资本对农民工市民化的影响研究》，《中国劳动》2016 年第 10 期。

黄静、屠梅曾：《房地产财富与消费：来自于家庭微观调查数据的证据》，《管理世界》2009 年第 7 期。

黄锟：《城乡二元制度对农民工市民化影响的实证分析》，《中国人口·资源与环境》2011 年第 3 期。

黄乾：《城市农民工的就业稳定性及其工资效应》，《人口研究》2009 年第 3 期。

寇恩惠、刘柏惠：《城镇化进程中农民工就业稳定性及工资差距——基于分位数回归的分析》，《数量经济技术经济研究》2013 年第 7 期。

黎红、杨黎源：《农民工市民化成本评估与经济收益——以宁波为例》，《浙江社会科学》2017 年第 12 期。

李斌：《城市住房价值结构化：人口迁移的一种筛选机制》，《中国人口科学》2008 年第 4 期。

李斌：《社会排斥理论与中国城市住房改革制度》，《社会科学研究》2002 年第 3 期。

李俭国、张鹏：《新常态下新生代农民工市民化社会成本测算》，《财经科学》2015 年第 5 期。

李荣彬等：《新生代农民工市民化水平的现状及影响因素分析——基于我国 106 个城市调查数据的实证研究》，《青年研究》2013 年第 1 期。

李涛、史宇鹏、陈斌开：《住房与幸福：幸福经济学视角下的中国城镇居民住房问题》，《经济研究》2011 年第 9 期。

李小敏等：《我国农民工市民化成本的地域差异》，《经济地理》2016

年第 4 期。

李永乐、代安源:《农业转移人口市民化成本核算及其分担研究——
    基于 2005—2014 年的南京市数据分析》,《华东师范大学学报（哲
    学社会科学版）》2017 年第 6 期。

李中建、袁璐璐:《务工距离对农民工就业质量的影响分析》,《中国
    农村经济》2017 年第 6 期。

梁琦、陈强远、王如玉:《户籍改革、劳动力流动与城市层级体系优
    化》,《中国社会科学》2013 年第 12 期。

廖长峰、杨继瑞:《我国农村住房存在的问题与对策》,《经济纵横》
    2013 年第 11 期。

廖茂林、杜亭亭:《中国城市转型背景下的农民工市民化成本——基
    于广东省实践的思考》,《城市发展研究》2018 年第 3 期。

林江、周少君、魏万青:《城市房价、住房产权与主观幸福感》,《财
    贸经济》2012 年第 5 期。

刘斌、幸强国:《我国公共住房、失业与劳动力参与意愿——基于一
    个延伸的奥斯瓦德假说的经验证据》,《财经研究》2013 年第
    11 期。

刘朝明:《新空间经济学:21 世纪经济学研究的主题》,《中国软科
    学》2002 年第 3 期。

刘传江:《中国农民工市民化研究》,《理论月刊》2006 年第 10 期。

刘传江、程建林:《第二代农民工市民化:现状分析与进程测度》,
    《人口研究》2008 年第 5 期。

刘传江、程建林:《双重"户籍墙"对农民工市民化的影响》,《经济
    学家》2009 年第 10 期。

刘洪银:《新生代农民工内生性市民化与公共成本估算》,《云南财经

大学学报》2013 年第 4 期。

刘军辉、张古：《户籍制度改革对农村劳动力流动影响模拟研究——基于新经济地理学视角》，《财经研究》2016 年第 10 期。

刘万霞：《职业教育对农民工就业的影响——基于对全国农民工调查的实证分析》，《管理世界》2013 年第 5 期。

刘毓芸、徐现祥、肖泽凯：《劳动力跨方言流动的倒 U 型模式》，《经济研究》2015 年第 10 期。

鲁强、徐翔：《我国农民工市民化进程测度——基于 TT&DTHM 模型的分析》，《江西社会科学》2016 年第 2 期。

陆铭、张航、梁文泉：《偏向中西部的土地供应如何推升了东部的工资》，《中国社会科学》2015 年第 5 期。

吕萍、甄辉、丁富军：《差异化农民工住房政策的构建设想》，《经济地理》2012 年第 10 期。

罗楚亮：《就业稳定性与工资收入差距研究》，《中国人口科学》2008 年第 4 期。

马晓河、胡拥军：《一亿农业转移人口市民化的难题研究》，《农业经济问题》2018 年第 4 期。

孟凡强、吴江：《我国就业稳定性的变迁及其影响因素——基于中国综合社会调查数据的分析》，《人口与经济》2013 年第 5 期。

宁光杰、孔艳芳：《自我雇佣农民工市民化的影响因素研究——基于长三角和珠三角地区的比较分析》，《中国经济问题》2017 年第 5 期。

钱文荣、李宝值：《初衷达成度、公平感知度对农民工留城意愿的影响及其代际差异——基于长江三角洲 16 城市的调研数据》，《管理世界》2013 年第 9 期。

钱文荣、张黎莉：《农民工的工作—家庭关系及其对工作满意度的影响——基于家庭式迁移至杭州、宁波、温州三地农民工的实证研究》，《中国农村经济》2009 年第 5 期。

钱雪亚、胡琼、苏东冉：《公共服务享有、居住证积分与农民工市民化观察》，《中国经济问题》2017 年第 5 期。

邵朝对、苏丹妮、邓宏图：《房价、土地财政与城市集聚特征：中国式城市发展之路》，《管理世界》2016 年第 2 期。

邵敏、武鹏：《出口贸易、人力资本与农民工的就业稳定性——兼议我国产业和贸易的升级》，《管理世界》2019 年第 3 期。

申兵：《"十二五"时期农民工市民化成本测算及其分担机制构建——以跨省农民工集中流入地区宁波市为案例》，《城市发展研究》2012 年第 1 期。

盛来运：《国外劳动力迁移理论的发展》，《统计研究》2005 年第 8 期。

孙三百：《住房产权、公共服务与公众参与——基于制度化与非制度化视角的比较研究》，《经济研究》2018 年第 7 期。

孙伟增、郑思齐：《住房与幸福感：从住房价值、产权类型和入市时间视角的分析》，《经济问题探索》2013 年第 3 期。

孙文凯、白重恩、谢沛初：《户籍制度改革对中国农村劳动力流动的影响》，《经济研究》2011 年第 1 期。

唐子来：《西方城市空间结构研究的理论与方法》，《城市规划汇刊》1997 年第 6 期。

汪润泉、刘一伟：《住房公积金能留住进城流动人口吗？——基于户籍差异视角的比较分析》，《人口与经济》2017 年第 1 期。

王桂新：《中国人口迁移与城市化研究》，中国人口出版社 2006 年版。

王桂新、沈建法、刘建波：《中国城市农民工市民化研究——以上海为例》，《人口与发展》2008 年第 1 期。

王敏：《住房、阶层与幸福感——住房社会效应研究》，《华中科技大学学报（社会科学版）》2019 年第 4 期。

王玉君：《农民工城市定居意愿研究——基于十二个城市问卷调查的实证分析》，《人口研究》2013 年第 4 期。

王竹林：《农民工市民化的资本困境及其缓解出路》，《农业经济问题》2010 年第 2 期。

魏义方、顾严：《农业转移人口市民化：为何地方政府不积极——基于农民工落户城镇的成本收益分析》，《宏观经济研究》2017 年第 8 期。

温忠麟、叶宝娟：《中介效应分析：方法和模型发展》，《心理科学进展》2014 年第 5 期。

吴启焰、朱喜钢：《城市空间结构研究的回顾与展望》，《地理学与国土研究》2001 年第 2 期。

吴祖泉、王德、朱玮：《就业视角的农民工市民化过程考察——基于上海的个案研究》，《城市发展研究》2015 年第 6 期。

夏建中：《新城市社会学的主要理论》，《社会学研究》1998 年第 4 期。

夏怡然、陆铭：《城市间的"孟母三迁"——公共服务影响劳动力流向的经验研究》，《管理世界》2015 年第 10 期。

谢东虹：《工作时间与收入水平对新生代农民工市民化意愿的影响——基于 2015 年北京市的调查数据》，《调研世界》2016 年第 3 期。

谢勇：《就业稳定性与新生代农民工的城市融合研究——以江苏省为

例》,《农业经济问题》2015 年第 9 期。

徐建玲:《农民工市民化进程度量:理论探讨与实证分析》,《农业经济问题》2008 年第 9 期。

徐苗、马雪雯:《基于社会融合视角的保障性住房研究评述及启示》,《西部人居环境学刊》2015 年第 5 期。

许抄军、陈四辉、王亚新:《非正式制度视角的农民工市民化意愿及障碍——以湛江市为例》,《经济地理》2015 年第 12 期。

薛艳:《基于分层线性模型的流动人口社会融合影响因素研究》,《人口与经济》2016 年第 3 期。

杨菊华:《从隔离、选择融入到融合:流动人口社会融入问题的理论思考》,《人口研究》2009 年第 1 期。

杨文选、张晓艳:《国外农村劳动力迁移理论的演变与发展》,《经济问题》2007 年第 6 期。

杨雪、魏洪英:《就业稳定性与收入差异:影响东北三省劳动力外流的动因分析》,《人口学刊》2016 年第 6 期。

杨永春:《西方城市空间结构研究的理论进展》,《地域研究与开发》2003 年第 4 期。

杨永华:《民工荒、半城市化模式和城市化模式》,《经济学家》2010 年第 9 期。

叶静怡、周晔馨:《社会资本转换与农民工收入——来自北京农民工调查的证据》,《管理世界》2010 年第 10 期。

于潇、陈世坤:《提高收入还是提高公平感?——对中国城乡劳动力工作满意度的考察》,《人口与经济》2019 年第 2 期。

张春泥:《农民工为何频繁变换工作 户籍制度下农民工的工作流动研究》,《社会》2011 年第 6 期。

张斐：《新生代农民工市民化现状及影响因素分析》，《人口研究》2011 年第 6 期。

张国胜：《基于社会成本考虑的农民工市民化：一个转轨中发展大国的视角与政策选择》，《中国软科学》2009 年第 4 期。

张国胜：《市民化进程中的农民工城市安居：国际比较与启示》，《改革》2007 年第 9 期。

张吉鹏、卢冲：《户籍制度改革与城市落户门槛的量化分析》，《经济学（季刊）》2019 年第 4 期。

张继良、马洪福：《江苏外来农民工市民化成本测算及分摊》，《中国农村观察》2015 年第 2 期。

张俊、肖传友：《农民工市民化公共投入究竟有多大？——基于城市行政等级和辖区差异的测算》，《财经科学》2018 年第 3 期。

张莉、何晶、马润泓：《房价如何影响劳动力流动》，《经济研究》2017 年第 8 期。

张巍、许家云、杨竺松：《房价、工资与资源配置效率——基于微观家庭数据的实证分析》，《金融研究》2018 年第 8 期。

张务伟、张福明、杨学成：《农村劳动力就业状况的微观影响因素及其作用机理——基于入户调查数据的实证分析》，《中国农村经济》2011 年第 11 期。

张翔等：《住房增加幸福：是投资属性还是居住属性》，《金融研究》2015 年第 10 期。

张欣炜、宁越敏：《农业转移人口市民化成本测算及分担机制研究——以山东省淄博市为例》，《城市发展研究》2018 年第 1 期。

张翼：《农民工"进城落户"意愿与中国近期城镇化道路的选择》，《中国人口科学》2011 年第 2 期。

章程：《代际视角下农民工工资市民化及其影响因素分析》，《经济问题》2018 年第 11 期。

章铮：《从托达罗模型到年龄结构——生命周期模型》，《中国农村经济》2009 年第 5 期。

赵晔琴、梁翠玲：《融入与区隔：农民工的住房消费与阶层认同——基于 CGSS 2010 的数据分析》，《人口与发展》2014 年第 2 期。

郑风田、陈思宇：《获得感是社会发展最优衡量标准——兼评其与幸福感、包容性发展的区别与联系》，《人民论坛》2017 年第 2 期。

郑思齐、曹洋：《居住与就业空间关系的决定机理和影响因素——对北京市通勤时间和通勤流量的实证研究》，《城市发展研究》2010 年第 6 期。

郑思齐、曹洋：《农民工的住房问题：从经济增长与社会融合角度的研究》，《广东社会科学》2009 年第 5 期。

郑思齐等：《农民工住房政策与经济增长》，《经济研究》2011 年第 2 期。

郑思齐、孙聪：《城市经济的空间结构：居住、就业及衍生问题》，《南方经济》2011 年第 8 期。

郑思齐、张英杰：《保障性住房的空间选址：理论基础，国际经验与中国现实》，《现代城市研究》2010 年第 9 期。

周素红、程璐萍、吴志东：《广州市保障性住房社区居民的居住——就业选择与空间匹配性》，《地理研究》2010 年第 10 期。

祝仲坤、冷晨昕：《中国进城农民工的居住状况与主观幸福感——基于流动人口动态监测数据的实证分析》，《劳动经济研究》2017 年第 2 期。

（三）博士学位论文

付磊：《全球化和市场化进程中大都市的空间结构及其演化》，博士学位论文，同济大学，2008 年。

欧阳力胜：《新型城镇化进程中农民工市民化研究》，博士学位论文，财政部财政科学研究所，2013 年。

王波：《城市居住空间分异研究》，博士学位论文，同济大学，2006 年。

王萍：《中国农村剩余劳动力乡城转移问题研究》，博士学位论文，东北财经大学，2006 年。

赵嵩年：《城中村存在对外来务工人员福利影响研究》，博士学位论文，浙江大学，2017 年。

二 英文文献

（一）英文著作

Alba Richard and Victor Nee, *Remaking the American Mainstream: Assimilation and Contemporary Immigration*, Boston: Harvard University Press, 2003.

Alonso W., *Location and Land Use*, Cambridge Mass: Harvard University Press, 1964.

Becker G. S., *Human Capita*, New York: Columbia University Press, 1975.

Bucchianeri G. W., *The American Dream or the American Delusion? The Private and External Benefits of Homeownership*, Social Science Electronic Publishing, 2011.

Burgess E. W., *The Growth of the City*, Chicago: The City University of

Chicago Press, 1925.

Castells, Manuel, *The Urban Question: A Marxist Approach*, Paris: Maspero, 1972.

Harvey D., *The Urbanization of Capital: Studies in the History and Theory of Capitalist Urbanization*, Oxford: Blackwell, 1985.

Lynch K., *Good City Forms*, Harvard University Press, 1980.

Mincer Jacob, *Schooling, Experience, and Earnings*, Columbia University Press, 1974.

Muth R. E., *Cities and Housing*, Chicago University Press, 1969.

Rex J. and Moore R., *Race, Community and Conflict*, Oxford: Oxford University Press, 1967.

Sjoberg G., *The Preindustrial City: Past and Present*, New York: Free Press, 1960.

Stark Oded, *Economic-Demographic Interactions in Agricultural Development: The Case of Rural-to-Urban Migration*, U. N. Food and Agricultural Organization, 1978.

（二）英文期刊

Artz B. and Kaya I., "The Impact of Job Security on Job Satisfaction in Economic Contractions versus Expansions", *Applied Economics*, Vol. 46, No. 24, January 2015.

Bagne D. J., "Principle of Demography", *Journal of the Royal Statistical Society*, Vol. 19, No. 4, 1969.

Baron R. and Kenny D., "The Moderator-Mediator Variable Distinction in Social Psychological Research: Conceptual, Strategic, and Statistical Considerations", *Journal of Personality & Social Psychology*, Vol. 51,

No. 6, January 1986.

Bayoh I., Irwin E. G., Haab T., "Determinants of Residential Location Choice: How Important Are Local Public Goods in Attracting Homeowners to Central City Locations?", *Journal of Regional Science*, Vol. 46, No. 1, February 2006.

Belot M. and van Ours J., "Unemployment and Labor Market Institutions: An Empirical Analysis", *Journal of the Japanese and International Economies*, Vol. 15, No. 4, December 2001.

Bergmann A. and Mertens A., "Job Stability Trends, Lay-Offs, and Transitions to Unemployment in West Germany", *Labour*, Vol. 25, No. 4, December 2011.

Bostic R., et al., "Housing Wealth, Financial Wealth, and Consumption: New Evidence from Micro Data", *Regional Science and Urban Economics*, Vol. 39, No. 1, January 2009.

Boyd Monica, "Educational Attainments of Immigrant Offspring? Success or Segmented Assimilation?", *International Migration Review*, Vol. 36, No. 4, February 2002.

Burgess S. and Rees H., "Job Tenure in Britain 1975 – 1992", *The Economic Journal*, Vol. 106, No. 435, March 1996.

Cameron G. and Muellbauer J., "Earnings, Unemployment and Housing: Evidence from a Panel of British Regions", *Journal of Applied Econometrics*, No. 16, April 2001.

Chamon M. D. and Prasad E. S., "Why Are Saving Rates of Urban Households in China Rising?", *American Economic Journal: Macroeconomics*, Vol. 2, No. 1, January 2010.

Chetty R. , Hendren N. , Katz L. F. , "The Effects of Exposure to Better Neighborhoods on Children: New Evidence from the Moving to Opportunity Experiment", *American Economic Review*, Vol. 106, No. 4, April 2016.

Coulson E. , Fisher L. , "Housing Tenure and Labor Market Impacts: The Search Goes on", *Journal of Urban Economics*, Vol. 65, No. 3, May 2009.

Dahlberg M. , et al. , "Estimating Preferences for Local Public Services Using Migration Data", *Urban Studies*, Vol. 49, No. 2, February 2012.

Davies J. B. , et al. , "The Level and Distribution of Global Household Wealth", *Economic Journal*, Vol. 121, No. 551, March 2011.

Dietz R. and Haurin D. , "The Social and Private Micro - Level Consequences of Homeownership", *Journal of Urban Economics*, Vol. 54, No. 3, February 2003.

Dohmen T. J. , "Housing, Mobility and Unemployment", *Regional Science & Urban Economics*, Vol. 35, No. 3, May 2005.

Dujardin, Goffette-Nagot, "Does Public Housing Occupancy Increase Unemployment", *Journal of Economic Geography*, Vol. 9, January 2009.

Easterlin R. A. , "Does Economic Growth Improve the Human Lot? Some Empirical Evidence", *Nations & Households in Economic Growth*, January 1974.

Ellen G. et al. , "Poverty Concentration and the Low Income Housing Tax Credit: Effects of Siting and Tenant Composition", *Journal of Housing Economics*, Vol. 34, No. 12, August 2016.

Farber S. , "Is the Company Man an Anachronism? Trends in Long Term

Employment in the U. S, 1973 – 2006", *Princeton University Working Paper*, *No.* 518, 2007.

Fei J. H. and Ranis G. A. , "Theory of Economic Development", *The American Economic Review*, Vol. 51, 1961.

Freeman L. and Botein H. , "Subsidized Housing and Neighborhood Impacts: A Theoretical Discussion and Review of the Evidence", *Journal of Planning Literature*, Vol. 16, No. 3, February 2002.

Freeman L. , "The Impact of Assisted Housing Developments on Concentrated Poverty", *Housing Policy Debate*, Vol. 14, No. 1, January 2003.

Garcia J. and Hernandez J. , "User Cost Changes, Unemployment and Home-Ownership: Evidence from Spain", *Urban Studies*, Vol. 41, No. 3, March 2004.

GordonM. , *Assimilation in American Life: The Role of Race, Religion, and National Origins*, New York: Oxford University Press, January 1964.

Gottschalk P. and Moffitt R. , "Changes in Job Instability and Insecurity Using Monthly Survey Data", *Journal of Labor Economics*, Vol. 17, No. 4, February 1999.

Green R. and Hendershott P. , "Home-Ownership and Unemployment in the US", *Urban Studies*, Vol. 38, No. 9, August 2001,

Gregg P. and Wadsworth J. , "Job Tenure in Britain: 1975 – 2000, Is a Job for Life or Just for Christmas?", *Oxford Bulletin of Economics and Statistics*, Vol. 64, No. 2, May 2002.

Han L. B. and Lu M. , "Housing Prices and Investment: An Assessment of China's Inland-Favoring Land Supply Policies", *Journal of the Asia Pacif-*

ic Economy, Vol. 22, No. 1, 2017.

Hanson G. H. , "Market Potential, Increasing Returns and Geographic Concentration", *Journal of International Economics*, Vol. 67, No. 1, February 2005.

Harris C. D. and Ullman E. L. , "The Nature of Cities", *The Annals of the American Academy of Political and Social Science*, Vol. 242, 1945.

Harris J. R. and Michael P. Todaro. , "Migration, Unemployment and Development: A Two-Sector Analysis", *American Economic Review*, Vol. 60, No. 1, January 1970.

Haurin D. R. , Parcel T. L. , Haurin R. J. , "Does Homeownership Affect Child Outcomes", *Real Estate Economics*, Vol. 30, No. 4, February 2002.

Hirschman Charles, "America's Melting Pot Reconsidered", *Annual Review of Sociology*, Vol. 9, No. 1, November 1983.

Hirschman Charles, "The Educational Enrollment of Immigrant Youth: A Test of the Segmented-Assimilation Hypothesis", *Demography*, Vol. 38, No. 3, September 2001.

Holloway S. R. , et al. , "Exploring the Effect of Public Housing on the Concentration of Poverty in Columbus, Ohio", *Urban Affairs Review*, Vol. 33, No. 6, July 1998.

Hoyt H. , *The Structure and Growth of Residential Areas in American Cities*, Washington D. C. : Federal Housing Administration Government Printing Office, January 1939.

Huist E. and Stafford F. P. , "Home Is Where the Equity Is: Mortgage Refinancing and Household Consumption", *Journal of Money, Credit, and*

Banking, Vol. 36, No. 6, December 2004.

Hulin C. L. and Smith P. C. , "A Linear Model of Job Satisfaction", *Journal of Applied Psychology*, Vol. 49, No. 3, July 1965.

Jansen G. , Akkerman A. , Vandaele K. , "Undermining Mobilization? The Effect of Job Flexibility and Job Instability on the Willingness to Strike", *Economic and Industrial Democracy*, Vol. 38, No. 1, March 2017.

Jeanty P. W. , et al. , "Estimation of a Spatial Simultaneous Equation Model of Population Migration and Housing Price Dynamics", *Regional Science & Urban Economics*, Vol. 40, No. 5, September 2010.

Jorgenson D. W. , "The Development of a Dual Economy", *Economic Journal*, Vol. 71, No. 282, June 1961.

Katz F. , et al. , "Moving to Opportunity in Boston: Early Results of a Randomized Mobility Experiment", *Quarterly Journal of Economics*, Vol. 116, No. 2, July 2001.

Kingston P. W. and Fries J. C. , "Having a Stake in the System: The Sociopolitical Ramifications of Business and Home Ownership", *Social Science Quarterly*, Vol. 75, No. 3, 1994.

Kirk K. , "Problems of Geography", *Geography*, Vol. 48, No. 4, January 1963.

Kling J. , Ludwig J. , Katz L. , "Neighborhood Effects on Crime for Female and Male Youth: Evidence from a Randomized Housing Voucher Experiment", *The Quarterly Journal of Economics*, Vol. 120, No. 1, February 2005.

Krugman P. , "Increasing Returns and Economic Geography", *Journal of*

Political Economy, Vol. 99, No. 3, January 1991.

Lefebvre H. , *The Production of Space*, Oxford: Blackwell, 1991.

Lewis W. A. , "Economic Development with Unlimited Supplies of La-bour", *Manchester School of Economic and Social Studies*, Vol. 22, No. 2, January 1954.

Ludwig J. , et al. , "Long-term Neighborhood Effects on Low-Income Fami-lies: Evidence from Moving to Opportunity", *American Economic Review*, Vol. 103, No. 3, February 2013.

Majumdar S. , Mani A. , Mukand S. W. , "Politics, Information and the Urban Bias", *Journal of Development Economics*, Vol. 75, No. 1, Oc-tober 2004.

Marcotte D. , "Has Job Stability Declined? Evidence from the Panel Study of Income Dynamics", *American Journal of Economics and Sociology*, Vol. 58, No. 2, July 2006.

Massey D. S. and Kanaiaupuni S. M. , "Public Housing and the Concentra-tion of Poverty", *Social Science Quarterly*, Vol. 74, No. 1, January 1993.

Meen G. and Nygaard A. , "Housing and Regional Economic Disparities", *Economics Paper*, Department for Communities and Local Government, No. 5, 2010.

Michaelides M. , "The Effect of Local Ties, Wages and Housing Costs on Migration Decisions", *Journal of Socio-Economics*, Vol. 40, No. 2, A-pril 2011.

Mortensen T. , "Markets with Search Friction and the DMP Model", *American Economic Review*, Vol. 101, No. 4, June 2011.

Munch J. , Rosholm M. , Svarer M. , "Are Home Owners Really More Un-employed?", *Economic Journal*, Vol. 116, No. 514, October 2006.

Munch J. , Rosholm M. , Svarer M. , "Homeownership, Job Duration and Wages", *Journal of Urban Economics*, Vol. 63, No. 1, January 2008.

Murdie R. A. , "Factorial Ecology of Metropolitan Toronto", University of Chicago, 1969.

Nettleton S. and Burrows R. , "Mortgage Debt, Insecure Home Ownership and Health: An Exploratory Analysis", *Sociology of Health and Illness*, Vol. 20, No. 5, September 1998.

Nickell S. , "Unemployment: Questions and Some Answers", *Economic Journal*, Vol. 108, No. 448, February 1998.

Oswald A. , "A Conjecture on the Explanation for High Unemployment in the Industrialized Nations: Part 1", *University of Warwick Economic Research Papers*, No. 475, 1996.

Pahl R. E. , "Urban Social Theory and Research", *Environment and Planning A: Economy and Space*, Vol. 1, No. 2, December 1969.

Park R. E. and Burgess E. W. , *Introduction to the Science of Society* (*2nd*), Chicago: University of Chicago Press, 1921.

Park R. E. , "Human Ecology", *American of Society*, Vol. 13, 1936.

Park Robert, "Human Migration and the Marginal Man", *American Journal of Sociology*, Vol. 33, No. 6, 1928.

Pehkonen J. , "Unemployment and Home-Ownership", *Applied Economics Letters*, Vol. 6, No. 5, February 1999.

Perlman Joel and Roger Waldinger, "Second Generation Decline? Children of Immigration, Past and Present-a Reconsideration", *International Mi-*

gration Review, Vol. 31, No. 4, December 1997.

Peter S., "Explanations of a Social Exclusion: Where Does Housing Fit in?", *Housing Studies*, Vol. 13, No. 6, November 1998.

Plantinga A. J., et al., "Housing Prices and Inter—Urban Migration", *Regional Science and Urban Economics*, Vol. 43, No. 2, March 2013.

Portes, Alejandro, Min Zhou, "The New Second Generation: Segmented Assimilation and Its Variants among Post—1965 Immigrant Youth", *Annals of the American Academy of Political and Social Sciences*, Vol. 530, May 1993.

Portes, et al., "Assimilation or Consciousness: Perceptions of U. S. Society among Recent Latin American Immigrant to the United States", *Social Forces*, Vol. 59, No. 1, 1980.

Poterba J. M., "Stock Market Wealth and Consumption", *Journal of Economic Perspectives*, Vol. 14, No. 2, February 2000.

Quigley J. M., "Consumer Choice of Dwelling, Neighborhood and Public Services", *Regional Science & Urban Economics*, Vol. 15, No. 1, February 1985.

Rabe B. and Taylor M., "Differences in Opportunities? Wage, Employment and House-Price Effects on Migration", *Oxford Bulletin of Economics and Statistics*, Vol. 74, No. 6, December 2012.

Rapaport C., "Housing Demand and Community Choice: An Empirical Analysis", *Journal of Urban Economics*, Vol. 42, No. 2, November 1997.

Rohe W. and Stegman M., "The Impact of Home Ownership on the Social and Political Involvement of Low-Income People", *Urban Affairs Review*, Vol. 30, No. 1, September 1994.

Sanbonmatsu L. , et al. , "Moving to Opportunity for Fair Housing Demonstration Program-Final Impacts Evaluation", US Department of Housing & Urban Development, 2011.

Simmons J. W. , "Changing Residence in the City: A Review of Intra-Urban Mobility", *Geogrphical Review*, Vol. 54, No. 8, October 1968.

Smith B. E. , "A Review of Monocentric Urban Density Analysis", *Journal of Planning Literature*, Vol. 12, No. 2, November 1997.

Staiger and Stock, "Instrumental Variables Regression with Weak Instruments", *Econometrica*, Vol. 65, No. 7, February 1997.

Stark Oded and Katz E. , "Labor Migration and Risk Aversion in Less Developed Countries", *Journal of Labor Economics*, Vol. 4, No. 1, February 1986.

Stark, Oded, "Migration Incentives, Migration Types: The Role of Relative Deprivation", *The Economic Journal*, Vol. 101, No. 408, February 1991.

Stark Oded, "Research on Rural-to-Urban Migration in Less Developed Countries: The Confusion Frontier and Why We Should Pause to Rethink Afresh", *World Development*, Vol. 10, No. 1, February 1982.

Stark Oded. , "Rural-to-Urban Migration in LDCs: A Relative Deprivation Approach", *Economic Development and Cultural Change*, Vol. 32, No. 3, April 1984.

Tabuchi T. , "Urban Agglomeration and Dispersion: A Synthesis of Alonso and Krugman", *Journal of Urban Economics*, Vol. 44, No. 3, November 1998.

Todaro and Michael P. , "A Model of Migration and Urban Unemployment in Less-Developed Countries", *The American Economic Review*, Vol. 59, No. 1, February 1969.

van Leuvensteijn M. and Koning P., "The Effect of Home-Ownership on Labor Mobility in the Netherlands", *Journal of Urban Economics*, Vol. 55, No. 3, May 2004.

Wang F. and Zuo X., "Inside China's Cities: Institutional Barriers and Opportunities for Urban Migrants", *American Economic Review*, Vol. 89, No. 2, February 1999.

后　记

　　如果将我国的城镇化看作一个宏观的过程，那么农民工市民化则是城镇化的微观实现。当前，推动农民工市民化是实现以人为核心的新型城镇化的重中之重。农民工市民化的关键取决于家庭定居决策，而住房问题已经成为影响农民工城市长期定居决策的最关键经济变量，也是制约农民工市民化的最主要障碍之一。本书从三个方面对农民工市民化的住房障碍问题进行了探索。首先，从住房与住房政策角度出发，结合西方国家的相关实践和现实争论，梳理和评价了农民工市民化的最新研究成果，从理论上探索了住房要素对农民工市民化可能存在的深刻影响，并对中国未来住房政策和相关研究方向进行了展望。其次，分别从住房对农民工市民化意愿、工作稳定性、工作满意度乃至定居决策的影响角度，探索了住房对农民工市民化定居决策的直接和间接影响，并揭示了其多方面的影响机制，在很大程度上回答和阐释了当今中国城市住房何以构成农民工市民化的重要障碍的问题；同时发现，住房对农民工市民化的影响并不一定是直接且孤立的，而是会通过影响农民工在就业市场的表现，间接作用于农民工定居决策，因此，改善农民工在劳动力市场上的弱势地位，对于其居住条件的改善和定居决策有着重要的意义。最后，针对现有研究在测算方法上的误区和认识上的分歧，利用一个简明的微观框架对农民工市民化住房成本进行了测算；在农民工市民化住房成本的区域比较基础上，结合不同地区的经济社会发展差异，提出了不同层级城市差异化农民工住房政策的构想。当然，由于我国城市数量众多，发展情况各异，本书利用传统的城市划分将我国城市粗略划分为四种类型，并提出了相应的住房政策建议，从很大程度上来说，这些建议是较为概略和笼统的，并不一定囊括了所有城市类型，也不一定适用于所有城市。

本书的研究发现，住房之所以在很多方面成为农民工市民化的障碍，一个关键原因是农民工在劳动力市场中的弱势地位导致其无法应对城市高企的住房成本和生活成本。这一发现给我们未来研究一个重要启示：作为流动人口的主体和城市产业工人的主力军，面对日趋复杂的国际国内经济形势，近三亿农民工是城市中最容易受到冲击的劳动力群体，对于这一群体在劳动力市场上的表现进行深入探索对我国经济的持续健康发展具有非常重要的现实意义，这也是本书未来将继续深入的方向。

本书是在笔者主持的国家社会科学基金项目"农民工市民化的住房障碍及差异化住房政策研究"（17CJY018）研究报告的基础上整理修改而成的。本书的写作和出版得到了重庆工商大学长江上游经济研究中心"新发展理念下区域经济发展理论与实践"科研团队（CJ-SYTD201707）的资助。同时，在本书出版过程中，中国社会科学出版社的编辑老师给予了大力的支持，并做了大量的工作，在此表示诚挚感谢。

在本书撰写过程中，笔者学习借鉴了多位同行学者的相关研究成果，这些成果在本书的注释和参考文献中得到了反映，我们向这些优秀文献资料的学界同人一并表示感谢。当然，限于作者的学识水平，书中难免存在错漏之处，恳请阅读本书的学界同人不吝指正！

刘斌

2021 年 6 月